essentials

essentials liefern aktuelles Wissen in konzentrierter Form. Die Essenz dessen, worauf es als „State-of-the-Art" in der gegenwärtigen Fachdiskussion oder in der Praxis ankommt. *essentials* informieren schnell, unkompliziert und verständlich

- als Einführung in ein aktuelles Thema aus Ihrem Fachgebiet
- als Einstieg in ein für Sie noch unbekanntes Themenfeld
- als Einblick, um zum Thema mitreden zu können

Die Bücher in elektronischer und gedruckter Form bringen das Expertenwissen von Springer-Fachautoren kompakt zur Darstellung. Sie sind besonders für die Nutzung als eBook auf Tablet-PCs, eBook-Readern und Smartphones geeignet. *essentials:* Wissensbausteine aus den Wirtschafts-, Sozial- und Geisteswissenschaften, aus Technik und Naturwissenschaften sowie aus Medizin, Psychologie und Gesundheitsberufen. Von renommierten Autoren aller Springer-Verlagsmarken.

Weitere Bände in der Reihe http://www.springer.com/series/13088

Kristin Engelhardt

Erfolgreiche Interne Kommunikation im Digital Workplace

Basics und Tools: Social Intranet, Mitarbeiter-App, Mitarbeitermagazin

Kristin Engelhardt
c/o engelhardt kommunikation gmbh
Wien, Österreich

ISSN 2197-6708 ISSN 2197-6716 (electronic)
essentials
ISBN 978-3-658-27948-6 ISBN 978-3-658-27949-3 (eBook)
https://doi.org/10.1007/978-3-658-27949-3

Die Deutsche Nationalbibliothek verzeichnet diese Publikation in der Deutschen Nationalbibliografie; detaillierte bibliografische Daten sind im Internet über http://dnb.d-nb.de abrufbar.

Springer Gabler
© Springer Fachmedien Wiesbaden GmbH, ein Teil von Springer Nature 2020

Springer Gabler ist ein Imprint der eingetragenen Gesellschaft Springer Fachmedien Wiesbaden GmbH und ist ein Teil von Springer Nature.
Die Anschrift der Gesellschaft ist: Abraham-Lincoln-Str. 46, 65189 Wiesbaden, Germany

Was Sie in diesem *essential* finden können

- eine komplette Übersicht moderner Online- und Print-Mitarbeitermedien
- eine Gegenüberstellung interner Kommunikationsbedürfnisse wie Wissensmanagement, verbesserter Zusammenarbeit und Mitarbeitermotivation
- geeignete Themen für einzelne Interne Medien
- Anmerkungen zur Print-Online-Diskussion bei Internen Medien
- Praxisbeispiele namhafter Unternehmen

Vorwort

Die Digitalisierung revolutioniert auch die Mitarbeiterkommunikation. Interaktivität, Aktualität, Wissensmanagement und Kooperation über Grenzen – all das ist heute möglich. Mit den neuen Möglichkeiten steigen gleichzeitig die Herausforderungen an diejenigen, die mit Interner Kommunikation zu tun haben. Ein Kulturwandel ist angesagt und bringt Paradigmenwechsel mit sich: MitarbeiterInnen können sich jetzt viel mehr einbringen und stellen die Kommunikationshoheit infrage. Auch die Grenzen zwischen interner und externer Kommunikation verschwimmen. Die notwendige neue Zusammensetzung der Medien der Internen Kommunikation erfordert ein Umdenken bei den Verantwortlichen. Die Zeiten, in denen eine Mitarbeiterzeitschrift als allein glücklich-machendes Medium regieren konnte, sind vorbei. Die rasche Entwicklung neuer digitaler Medienformate erzeugt noch mehr Druck.

Das vorliegende *essential* soll Hilfestellung bei der Wahl der richtigen digitalen Medien für die Interne Kommunikation geben und die Herausforderungen bei den Medien in der Tradition der Mitarbeiterzeitschrift aufzeigen. Denn auch in diesem Bereich schafft die Digitalisierung neue Gesetze.

Gleichsam in einer Momentaufnahme wird ein Überblick zu den einzelnen Medien geboten. Außerdem werden Kriterien zum wechselseitigen Zusammenwirken beschrieben. Alles in kurzer und übersichtlicher Form. Weiterführende Literaturhinweise am Ende des Buches laden zur näheren Beschäftigung ein.

Ergänzend befasst sich ein weiteres *essential* mit dem Titel „Erfolgreiche Mitarbeiterkommunikation für CEOs" mit den Herausforderungen, die sich aufgrund der Digitalisierung für die Kommunikation des Managements mit den MitarbeiterInnen ergeben, und der Notwendigkeit, die MitarbeiterInnen in vielerlei Formen in das Unternehmensgeschehen miteinzubeziehen. Die vielfältigen Spielarten von Face-to-Face-Kommunikation werden ausführlich gewürdigt.

Beim Werdegang dieses Buches habe ich mehrfach Unterstützung von KollegInnen aus Unternehmen erfahren. Ihnen allen möchte ich danken. Mein besonderer Dank gilt darüber hinaus jenen, die mir in ausführlichen Gesprächen aktuelle Einblicke in die Aktivitäten ihrer Unternehmen gewährten: von der Allianz Gruppe Österreich Josef Glatzl/Interne Kommunikation, von Attensam Denis Marinitsch/Bereichsleiter Personalentwicklung und Christoph Schneider/ Projektleiter, von den Austrian Airlines Peter N. Thier/Leiter Unternehmenskommunikation, von der EVN AG Gerald Rücker/Teamleiter Interne Kommunikation, von Microsoft Österreich Thomas Lutz/Head of Communications, von der voestalpine AG Karin Keplinger/Teamleiterin Interne Kommunikation und Klaus Achleitner/Interne Kommunikation.

Ich hoffe, mit diesem *essential* und dem ergänzenden Band „Erfolgreiche Mitarbeiterkommunikation für CEOs" einen Beitrag zur Qualitätssteigerung der Internen Kommunikation zu leisten.

Wien   Kristin Engelhardt
im August 2019

Inhaltsverzeichnis

Über die Autorin

Kristin Engelhardt, Dr. phil., befasst sich seit fast 40 Jahren mit Interner Kommunikation. Zunächst als Gestalterin der Mitarbeiterzeitschrift der Siemens AG Österreich, danach als Agenturinhaberin, die für zahlreiche Mitarbeiterzeitschriften aus unterschiedlichen Branchen verantwortlich zeichnete, Veränderungsprojekte mit internen Kommunikationsmaßnahmen begleitete und selber Medien für Zwecke der Internen Kommunikation entwickelte.

Mit den neuen digitalen Anforderungen für die Interne Kommunikation befasst sich die Autorin verstärkt im von ihr geleiteten Round Table für Interne Kommunikation des Public Relations Verbands Austria/PRVA. Daneben ist sie auch Lehrbeauftragte für Corporate Communication an der Lauder Business School Wien. Seit 2019 ist Kristin Engelhardt Juryvorsitzende bei dem vom PRVA vergebenen Preis für Mitarbeiter-Medien „Die Silberne Feder".

Nicht die Ziele der Internen Kommunikation haben sich geändert, sondern die Möglichkeiten und die damit verbundenen Herausforderungen.

1.1 Organisatorische Konsequenzen

Digitalisierung in der Internen Kommunikation bringt Paradigmenwechsel mit sich und – vor allem bei der Einführung – eine ganze Reihe organisatorischer Konsequenzen.

Beharrungstendenzen Nur schleppend erkennen Unternehmen die Möglichkeiten neuer medialer Lösungen: Einmal, weil das Wissen um die technischen Voraussetzungen und Möglichkeiten noch ungenügend ist und weil das Management vor dem damit verbundenen Kulturwandel zurückschreckt. Zum anderen, weil gerade in der Internen Kommunikation das Beharrungsvermögen sehr stark ist. Motto: Wir im Unternehmen wissen am besten, was unsere MitarbeiterInnen brauchen.

„Learning by doing" Sobald sich der Nutzen neuer Medien herumspricht, stürzen sich Unternehmen eher blindlings auf die neuen Möglichkeiten. Erst in der jüngsten Vergangenheit sind die für Interne Kommunikation Verantwortlichen mehr und mehr bereit, sich für einen Erfahrungsaustausch zu öffnen.

Technik-Vorrang Weil es sich um digitale Neuerungen handelt, steht zunächst die technische Seite des Mediums im Vordergrund – mit vielfältigen und oft schnell wechselnden Angeboten. Die inhaltliche Seite steht daneben zunächst

© Springer Fachmedien Wiesbaden GmbH, ein Teil von Springer Nature 2020   1
K. Engelhardt, *Erfolgreiche Interne Kommunikation im Digital Workplace,*
essentials, https://doi.org/10.1007/978-3-658-27949-3_1

zurück. Die IT-Abteilung ist gefordert, hinsichtlich der technischen Möglichkeiten neuer Medien zu beraten. Die für Interne Kommunikation Verantwortlichen müssen Verständnis für die Funktionsweise neuer digitaler Medien aufbauen und Know-how entwickeln, das sie befähigt, die neuen Medien journalistisch-professionell mit Inhalten zu befüllen und einen multimedialen Austausch zu fördern. Dies alles unter dem Aspekt, die Unternehmensstrategien und -ziele zu unterstützen und die Ziele der Internen Kommunikation zu verfolgen. Die Konsequenz: Innerhalb des Unternehmens sind neue Formen der Zusammenarbeit gefordert, wenn es darum geht, neue (digitale) Medien zu implementieren.

Inhalt als Priorität Sobald einmal die technische Eignung und Umsetzbarkeit digitaler Medien erkannt ist, wird klar: Die wesentliche Herausforderung jedes Kommunikationsmediums sind die inhaltlich getriebene Funktionalität und das journalistisch-professionelle Know-how. Angesichts der neuen Medienvielfalt ist eine klare Positionierung aller internen Medien unabdinglich. Vor allem digitale Medien entfalten ihre volle Wirkung im Ping-Pong-Prinzip bzw. brauchen Begleitmaßnahmen, um die User (= die MitarbeiterInnen) dazu zu bewegen, sie zu nutzen.

Online ist nicht gleich Print Online-Medien „ticken" anders als Print-Medien – nicht nur weil sie aktueller sein können.

Beteiligung der MitarbeiterInnen Interaktivität nennt sich das heute, wovon früher jahrzehntelang Redakteure von Mitarbeiterzeitschriften träumten. Rückmeldungen der MitarbeiterInnen eröffnen einen neuen Tätigkeitsbereich für Kommunikatoren: Kommentare müssen beobachtet und beantwortet werden.

Ansiedlung der organisatorischen Verantwortung In der Kommunikationsabteilung, in der Personalabteilung oder bei der Geschäftsführung direkt? Die organisatorische Verantwortung der Aktivitäten zur Mitarbeiterkommunikation ist in der Unternehmensorganisation nach wie vor sehr unterschiedlich angesiedelt und vielfach nicht einmal in einer Hand gebündelt. Angesichts der Komplexität und der Vielfalt der heutzutage zur Verfügung stehenden Medien ist das eine wenig erfolgversprechende Konstellation. Die organisatorische Aufstellung ist auch Ausdruck des Stellenwerts, den die Interne Kommunikation im Unternehmen genießt.

1.2 Ziele der Internen Kommunikation

Gern verwendete Schlagworte im Hinblick auf die Ziele Interner Kommunikation sind: Information der MitarbeiterInnen, Verhindern von Fluktuation, Mitarbeiter-Innen als Botschafter gewinnen, Commitment der MitarbeiterInnen für Unternehmensstrategien und für die Durchsetzung von Change-Projekten steigern. Hinzu kommen Leistungssteigerung, Förderung von Entscheidungsbeteiligung und Ideenmanagement, Förderung von Teamwork und – summa summarum – Motivation. Diesen vielfältigen Forderungen stehen vier Haupt-Fragestellungen für die Mitarbeiterkommunikation gegenüber:

1. **Welches Wissen und welche Hilfestellungen brauchen die MitarbeiterInnen, um ihre Arbeit erfüllen zu können?** Wo finden die MitarbeiterInnen z. B. Organigramme, Kontaktdaten, Sicherheitsanweisungen, Hinweise zu Corporate Identity/Corporate Design, Informationen zu Kantine, Betriebsarzt usw., aber auch Basisinformationen zum Unternehmen wie Produktinformationen, Unternehmenskennzahlen und vieles mehr?
2. **Wie lassen sich MitarbeiterInnen führen?** Der Unternehmenschef spielt eine sehr wesentliche Rolle gegenüber den MitarbeiterInnen und ist heute mehr denn je in der Face-to-Face-Kommunikation gefordert.
3. **Wie können das Know-how der MitarbeiterInnen und ihr Engagement bestmöglich genutzt werden?** Mitarbeitermitsprache ist unabdingbar für erfolgreiche Unternehmen: bei Veränderungsprozessen, beim Ideenmanagement und wenn es um die generelle Motivation der MitarbeiterInnen geht.
4. **Wie lassen sich Begeisterung und Einsatzfreude der MitarbeiterInnen für ihr Unternehmen erhalten bzw. sogar steigern?** „Motivation" ist hier das Zauberwort, das zum Zug kommt. MitarbeiterInnen brauchen Visionen und Ziele, wollen auf ihre Arbeit und ihr Unternehmen stolz sein können. Lob und Anerkennung sind gleichfalls nicht zu unterschätzen. Nur motivierte MitarbeiterInnen sind geeignet, als Botschafter des Unternehmens nach außen zu wirken.

Zu jeder dieser vier Fragestellungen sollte jedes Unternehmen Antworten und Lösungen anbieten. Je nach Art des Unternehmens können sie sehr unterschiedlich ausfallen.

Wissensmanagement fördern und Zusammenarbeit erleichtern

2

Im laufenden Unternehmensalltag stehen heutzutage vor allem digitale Medien zur Verfügung, um die für die Arbeit nötigen Informationen bereitzustellen: Intranet bzw. Social Intranet, Interne Social Media und/oder Mitarbeiter-Apps – abgesehen von altbewährten E-Mails. Digital Workplace ist dazu der Rahmenbegriff.

2.1 Willkommen für neue MitarbeiterInnen

Neueinsteiger sollten möglichst umgehend in die Kommunikationsabläufe des Unternehmens integriert werden. Sie sollten dabei nicht ausschließlich auf die Hilfsbereitschaft von KollegInnen und Chefs angewiesen sein. Je besser neue MitarbeiterInnen von Anfang an mit Informationen versorgt werden und je leichter der Einstieg ins neue Unternehmen gelingt, desto besser entwickeln sich später die Leistungen der jeweiligen MitarbeiterInnen.

Willkommensmappen und Einführungsworkshops („Welcome Days") sind die klassischen Kommunikationswerkzeuge gegenüber neu eintretenden MitarbeiterInnen. Je hochwertiger sie ausfallen, desto besser. So kann von Anbeginn an die Identifikation des/der MitarbeiterIn mit dem Arbeitgeber gelingen. Allianz Österreich z. B. verteilt 24-seitige aufwendig gestaltete Broschüren an die neuen MitarbeiterInnen (Glatzl 2019).

© Springer Fachmedien Wiesbaden GmbH, ein Teil von Springer Nature 2020
K. Engelhardt, *Erfolgreiche Interne Kommunikation im Digital Workplace,*
essentials, https://doi.org/10.1007/978-3-658-27949-3_2

Inhalte, die in einer Willkommensmappe (und bei einem Einführungsworkshop) kommuniziert werden sollten, sind z. B.:

- Kurzporträt des Unternehmens mit Organigramm, Standorten und den wesentlichsten Zahlen & Fakten sowie mit Informationen zur Unternehmenskultur (Unternehmenswerte, Mission & Vision, Leistungsprinzipien oder Teamwork-Regeln usw.)
- eine Produktübersicht und die zugehörigen Vertriebskanäle
- die wesentlichen externen Kommunikationskanäle (Website(s), Social Media usw.)
- Informationen zur internen Kommunikation: Intranet, Social Media, Mitarbeiter-App und dergl. sowie Informationen zu Mitarbeiter-Events (Face-to-Face-Kommunikation)
- Informationen zum Wording des Unternehmens
- nützliche Informationen zum Umgang mit Computer und Telefon (Passwort-Eingabe im Computer, Software herunterladen, Helpdesk/IT-Hotline)
- Arbeitssicherheitsvorkehrungen & Feuer-/Katastrophenschutz, Zutrittsberechtigungen & Mitarbeiterausweise
- Compliance-Regelungen (vor allem bei Banken und Versicherungen wichtig)
- Informationen zu Produktionssystemen, Qualitätsvorkehrungen, Arbeitssicherheitsvorkehrungen und dergl. (insbesondere in Produktionsunternehmen wichtig)
- Informationen zu Betrieblichem Vorschlagswesen oder Ideenmanagement
- Informationen zu Ergonomie & Gesundheitsprogrammen
- Anfahrt zu den einzelnen Standorten & Parkmöglichkeiten
- Verköstigung: Kantine, Getränkeautomaten
- Betriebsrat: Organisation & Kontakte
- Informationen zu Social Benefits (günstige Einkaufskonditionen und dergl.)
- usw.

Nützlich können auch sein:

- ein Verzeichnis von im Unternehmen gebräuchlichen Abkürzungen,
- Verzeichnis wichtiger Begriffe in mehreren Sprachen (die im Unternehmen gebräuchlich sind),
- eine Checkliste, was zu Beginn der neuen Tätigkeit alles erledigt werden sollte: von Mitarbeiterausweis, Passwort und Visitenkarte bis zur Vereinbarung des ersten Mitarbeitergesprächs mit dem/der Vorgesetzten. In der Allianz Österreich-Willkommensmappe ist das eine Liste mit 32 Punkten (Glatzl 2019).

Weitere Maßnahmen zur Integration, die bereits in das Ressort von Human Resource fallen, können sein: ein Patenprogramm, ein Frühstück mit dem Management für die neu eingetretenen MitarbeiterInnen, ein Kennenlernprogramm, bei dem die MitarbeiterInnen alle Abteilungen des Unternehmens durchlaufen.

2.2   Das Intranet

Meist ist es das Intranet, in dem alle nützlichen Informationen zu finden sind, die den Alltag im Unternehmen regeln – wobei einmal mehr eine für die Interne Kommunikation typische Regel gilt: Es sind Details, die zählen. Vor allem angesichts der enormen Bandbreite. Kaum ein Intranet gleicht dem anderen! Die Unterschiede ergeben sich aus der Fülle der Informationen, die dargeboten werden, aus der Struktur und Grafik sowie der technischen Umsetzung mit ihren Auswirkungen auf die Usability.

Dabei ist jetzt einmal nur vom statischen Intranet die Rede, also einer internen Website, auf der top-down Informationen an die MitarbeiterInnen herangetragen werden (Dewitte 2018). Statische Intranets waren bis zuletzt die gängige Form, ein Intranet zu gestalten, und sind auch heute noch gang und gäbe.

Was MitarbeiterInnen im Intranet finden sollten:

- Kontaktdaten anderer MitarbeiterInnen (Telefonverzeichnis, E-Mail-Adressen)
- Organigramme & Informationen zum Management
- Basisinformationen zum Unternehmen (Ergebnis, Standorte, Produkte)
- Unternehmenswerte
- Kantinen-Speiseplan (bzw. diverse Essensangebote)
- Informationen von Human Resource (Kollektivvertrag, Feiertags-/Überstundenregelungen, Pflegefreistellung, Zuschüsse, Pensionskonto, Neueintritte, Führungsleitbild usw.)
- Betriebsratsinformationen
- Vergünstigte Einkaufsmöglichkeiten (oft bei den Betriebsratsinformationen)
- Sportangebot
- „Flohmarkt" – eine bei MitarbeiterInnen meist sehr beliebte Plattform, auf der nicht mehr Gebrauchtes verkauft/eingetauscht werden kann
- Trainingsangebot
- Produkt-Übersicht & Argumentation dazu
- Informationen, die dem Workflow dienen

- Dokumente & Datenbanken für die Arbeit (z. B. in einer Bank eine Vertragsdatenbank, ein Kredit-Tool, ein Compliance-Portal usw.)
- Corporate-Design-Richtlinien
- Qualitätsmanagement-Portal
- Ideenmanagement-Portal
- IT-Portale: Handbücher, Helpdesk usw.
- Informationen zu einzelnen Abteilungen (von den Abteilungen selber befüllt)

Die Intranet-Themenliste könnte unendlich fortgesetzt werden. Was die Aufzählung oben veranschaulichen soll, ist: wie viel Spielraum bei der strukturellen und inhaltlichen Gestaltung eines Intranets möglich ist. Wobei die genannten Themen den typischen Informationsbedarf von Unternehmen widerspiegeln. Ganz andere Strukturen sind hingegen in Schulen/Bildungseinrichtungen oder bei NGOs anzutreffen.

Die Inhalte des Intranets gilt es laufend zu aktualisieren. Diese Aufgabe wird meist von den betroffenen Abteilungen ausgeübt. Doch kann das Intranet auch als Plattform für Unternehmens-News (von den für Interne Kommunikation Zuständigen) genutzt werden.

Unternehmens-News finden sich in der Regel gleich auf der Startseite. Inhalte und Gestaltung sind sehr unterschiedlich und reichen von Informationen in der Art eines Newsletters oder Blogs oder via RSS-Feed bis hin zu einem Webmagazin.

2.3   Social Intranet

Der Wechsel von einem statischen Intranet zu einem Social Intranet bedeutet einen Quantensprung für die Kommunikationskultur eines Unternehmens – mit einer Fülle effizienzsteigernder Möglichkeiten. Das Intranet wird nun zum Digital Workplace (Dewitte 2018; Hamm 2016).

Was beim Social Intranet anders ist als bei einem statischen Intranet:

- Individuelle Mitarbeiterprofile: MitarbeiterInnen können/sollen ihre „Profile" individuell gestalten, d. h. sie können z. B. bevorzugte Links eingeben. Angaben zur Person beschränken sich nicht nur auf Foto, Kontaktdaten und Abteilung, sondern beinhalten auch Stichworte zum persönlichen Knowhow. In einem globalen Konzern ermöglicht das u. a. Wissensaustausch über Länder- und Kontinentgrenzen hinweg. Denn natürlich sind alle diese Angaben via Suchfunktion gut auffindbar.

- Mitarbeiter-Blogs: MitarbeiterInnen können persönliche Blogs führen.
- Postings: Social-Media-ähnlich können MitarbeiterInnen von ihrem Profil aus mit KollegInnen Posts austauschen.
- Kommentare: MitarbeiterInnen können Kommentare abgeben.
- Terminorganisation
- Projektmanagement: Eigene „Teamräume" (ähnlich den Gruppenfunktionen in Social Media) sind dazu bestimmt, über sie Projekte abzuwickeln, mit der Möglichkeit, hier themenbezogene Dokumente abzuspeichern. Außerdem erleichtern Online-Abstimmungstools die Zusammenarbeit.

Ein Social Intranet ermöglicht also Interaktivität, Mitbestimmung und freie Meinungsäußerung, verbesserte Kommunikation und Zusammenarbeit, Wissensmanagement sowie Projektmanagement.

In der Praxis führen Unternehmen Social-Intranet-Lösungen stufenweise ein. Vor allem bei den Themen Interaktivität und Mitbestimmung (Postings und Online-Kommentare der MitarbeiterInnen) sind viele Unternehmen anfangs vorsichtig.

Die neue Kommunikationskultur – die mit dem Social Intranet einhergeht – bringt bei der Einführung Hürden mit sich: Einmal gilt es die Berührungsängste der MitarbeiterInnen vor den neuen Kommunikationsmöglichkeiten auszuräumen. Außerdem geht mit dem Social Intranet eine ganz neue Form der Transparenz einher. Wenn z. B. bei Allianz Österreich ein Vorstand zu Mitarbeiter-Kommentaren online Stellung bezieht, können seine Stellungnahme und die Mitarbeiter-Kommentare von 112.000 (Stand März 2019) Allianz-MitarbeiterInnen weltweit eingesehen werden. Fast alle länderspezifischen Intranets sind nämlich bereits miteinander vernetzt. Und die gesteigerte Schnelligkeit der Kommunikation bedingt organisatorische Vorkehrungen: Es muss klar geregelt sein, wer zu welchen Fragen Stellung bezieht und innerhalb welchen Zeitraums – nämlich möglichst binnen 24 Stunden (Glatzl 2019).

Eine der ersten Maßnahmen, um anfängliche Berührungsängste der MitarbeiterInnen vor dem neuen Intranet abzubauen, sollte – abgesehen von Schulungen und laufenden Informationen in allen internen Medien – der Aufruf sein, einen neuen Namen für das Intranet zu erdenken.

Weitere Maßnahmen können Gewinnspiele sein. Oder die Einführung einer virtuellen Gallionsfigur wie „Chris Connect" bei der voestalpine (s. Abb. 2.1), der als Pappfigur, Tür-Anhänger, Flyer usw. omnipräsent war (Achleitner 2019). Oder ein neuer Mitarbeiter-Award: Für den Allianz Award wurden die MitarbeiterInnen

Abb. 2.1 Chris Connect
hieß die virtuelle Figur,
mit der bei der voestalpine
das neue Social Intranet
beworben wurde. (Mit
freundlicher Genehmigung
von © voestalpine AG
2019. All Rights Reserved)

aufgerufen, KollegInnen zu nennen, deren Leistungen sie beachtenswert fanden. Die MitarbeiterInnen mit den meisten Nennungen wurden mit Storys im Intranet vorgestellt und danach eine Abstimmung unter allen MitarbeiterInnen veranstaltet – ausschließlich mithilfe des Intranets. Die drei Sieger erhielten im Rahmen einer Feier Trophäen. Wer nicht persönlich dabei war, konnte eine Live-Übertragung des Events im Social Intranet sehen (Glatzl 2019).

Je nach Geschäftsabläufen und Größe des Unternehmens wirkt sich die Einführung eines Social Intranets unterschiedlich aus. Bei der voestalpine z. B. brachte der Wechsel von unterschiedlichen Insellösungen im Jahr 2014 (konzernales Intranet plus einzelne SharePoint-Plattformen plus individuellen Intranet-Lösungen von Tochtergesellschaften) zu einer konzernweiten umfassenden SharePoint-Lösung für die rund 50.000 MitarbeiterInnen weltweit eine signifikante Verbesserung der globalen Zusammenarbeit und des Wissensmanagements. Im Jahr 2019 verzeichnete der Konzern täglich rund 120.000 Seitenaufrufe und hatte 2.230 aktive Teamräume (Achleitner 2019).

Tipps zur Einführung eines Social Intranet

- **Ziel:** Am Anfang sollte eine klar umrissene Zieldefinition mit Prioritäten stehen. Es empfiehlt sich, nach dem Motto zu handeln: Lieber Schritt für Schritt, dafür aber gründlich (Burtolf 2018; Donat 2012).
- **Konzeption:** Das Fundament ist wichtig. Also zu Beginn besonders auf die Informationsarchitektur (inklusive Responsive Design) achten (vor allem im Hinblick auf Ausbaufähigkeit und Belastbarkeit in der Zukunft) und den wirklich geeigneten Software-Anbieter wählen!
- **Design:** Technische Funktion allein ist nicht alles. Mit einem optisch gelungenen Design macht das Intranet noch einmal so viel Spaß.
- **Projektteam:** Eine abteilungsübergreifende Zusammensetzung versteht sich von selbst. Außerdem wichtig: Entscheidungskompetenz.
- **Ressourcen:** Ein Intranet betrifft das gesamte Unternehmen. Beim Projekt zur Einführung eines neuen Intranets sollten Ressourcen daher nicht zu sparsam angesetzt werden.
- **Terminplanung:** Vom Kickoff bis zum GoLive und zur Übergabe an den Betrieb muss es einen klar definierten Terminplan geben. Während des Projekts auftauchende Zusatzwünsche und zusätzliche Projekte müssen als solche behandelt werden.
- **Mitsprache:** Kommunikation und Einbindung aller Betroffenen sind das A und O bei der Implementierung (bzw. beim Relaunch) eines Intranets, und zwar von Anbeginn an. D. h. das Projektteam sollte laufend über die Fortschritte des Projekts berichten und darüber hinaus immer wieder Workshops anbieten, die Abteilungen bzw. MitarbeiterInnen zur Mitsprache einladen. Prototypen sind nützlich, um der Vorstellungskraft der Beteiligten auf die Sprünge zu helfen. Auf einer Kollaborationsplattform sollten zusätzlich sämtliche zum Intranet-Projekt gehörenden Dokumente bereitgestellt werden.
- **Pilotphase:** Vor der Übergabe an den Betrieb muss das Intranet von einem ausgewählten Personenkreis getestet werden, möglichst in mehreren Etappen.
- **Schulungen:** Schulungen sollten stufenweise erfolgen: zuerst für „Power User" (die später als Unterstützer in den Abteilungen wirken können), danach für alle MitarbeiterInnen. Begleitend sollten Dokumentationen zur Verfügung gestellt werden. Außerdem muss es eine hauptverantwortliche Person geben, an den sich User wenden können.

- **Organisation des laufenden Betriebs:** Nicht nur in technischer Hinsicht muss der laufende Betrieb gewährleistet werden (siehe Schulungen), sondern vor allem unter inhaltlichen Aspekten. In allen Abteilungen sollte es dazu Verantwortliche geben. Die zentrale Verantwortung sollte bei der Kommunikationsabteilung liegen.
- **Regelbuch:** Insbesondere für die Funktionen des Social Intranet gilt es, Regeln zu definieren. Z. B. wenn es die Möglichkeit zu Mitarbeiter-Kommentaren gibt, muss festgelegt sein, wer diese überwacht, wer zu welchen Themen Stellung nimmt, und innerhalb welchen Zeitraums dies zu erfolgen hat.

Ein großer Teil der zahlreichen Intranet-Software-Anbieter basiert auf SharePoint beziehungsweise Office 365 von Microsoft. Kritikpunkte sind oft die Datensicherheit (Stichwort „Cloud-Lösung") und die Kosten (Hamm 2016).

2.4 Interne Social Media

Slack, Yammer (zu Microsoft gehörig), Facebook at Work („Workplace") und andere Interne Social Media sollen vor allem den Austausch von Informationen innerhalb des Unternehmens beschleunigen. Zugleich stellen sie eine Kampfansage gegen den in Unternehmen überbordenden Austausch von Mails dar. Enterprise Messenger ist daher ein anderer treffender Ausdruck dafür (Bauer 2018; Fiege 2016).

Der zweite wichtige Anwendungsbereich ist die Unterstützung von Projektarbeit, indem in „Gruppen"/„Teams" zusammengearbeitet wird. Zusatzfunktionen wie Kalenderintegration oder Task Management sind dabei wertvolle Tools – in Kombination mit Customer-Relationship-Management-Systemen.

An erster Stelle steht auch bei Internen Social Media – wie bei allen digitalen Tools – das Thema Sicherheit. Der Großteil der Enterprise Messenger basiert auf Cloud Technologien, was viele Unternehmen nach wie vor noch abschreckt. Große Unternehmen schützen sich hier gerne, indem sie „private" Clouds mit eigenen Online-Servern nutzen.

Außerdem müssen die Daten der Internen Social Media auf mobilen Geräten geschützt werden (Mobile Device Management). Und der Enterprise Messenger sollte natürlich auf allen mobilen Endgeräten (Smartphone, Tablet, Desktops) sowie auch Desktop-Plattformen (also Windows, Mac usw.) verfügbar sein; inklusive ausreichender Performance.

Nach der technischen Prüfung sollten drei Punkte vor der Einführung analysiert und definiert werden:

1. In welcher Form und für welche Abläufe sollen die Enterprise Messenger genutzt werden?
2. Wie wird das Kommunikationswerkzeug unterstützt? Ohne volle Unterstützung des Managements, das bei der Nutzung des Enterprise Messengers eine wichtige Vorbildfunktion hat, ist eine erfolgreiche Einführung des neuen und wertvollen Kommunikationswerkzeugs nicht sicherzustellen.
3. Wird die Einführung durch Schulungen der MitarbeiterInnen und umfangreiche Kommunikation begleitet? Beides ist erforderlich und das Bewusstsein der MitarbeiterInnen muss anhand konkreter Anwendungsfälle geschärft werden.

Berührungsängste des Managements gegenüber Social Media können wesentliche Hürden sein. Microsoft Österreich fand bei der Einführung von Yammer im eigenen Unternehmen eine unorthodoxe – und erfolgreiche – Vorgangsweise: Junge, Social-Media-affine Praktikanten übernahmen das Coaching der Manager. Regelmäßige Posts der Geschäftsführerin an alle MitarbeiterInnen sind mittlerweile selbstverständlich (Lutz 2019).

2.5 Mitarbeiter-Apps

Galten noch bis vor kurzem Mitarbeiter-Apps als nur von wenigen Unternehmen genutztes Werkzeug der Mitarbeiterkommunikation, so erfreuen sie sich heutzutage – im Jahr 2019 – steigenden Interesses – mit Namen wie „durchblick" (dm), „PORRtoGO" (PORR AG) oder „MyRHIMagnesita" (RHIMagnesita) (Wolf 2018a, b). Mitarbeiter-Apps ermöglichen die tagesaktuelle Information von MitarbeiterInnen, die bisher auf Baustellen, an Verkaufsstandorten oder in Fertigungsstätten nur schwer erreichbar waren.

Standardlösungen sind mittlerweile Erfolgsmodelle, die vor allem von kleinen bis mittelgroßen Unternehmen individuell angepasst eingesetzt werden. Für Großunternehmen erweisen sich – wegen der bei Standardlösungen pro MitarbeiterIn verrechneten Kosten – individuell entwickelte Lösungen als praktikabel.

Inhaltliche Bereiche von Mitarbeiter-Apps sind:

- Unternehmensinformationen: Fact Sheets, Unternehmenspräsentation, Strategien und Werte, News
- CEO-Kanal: mit Messages oder Videonachrichten des CEO sowie der Möglichkeit für MitarbeiterInnen, an ihren Generaldirektor Fragen zu richten

- Nützliche Informationen für die Arbeit: für neu eintretende MitarbeiterInnen, zu Personalentwicklung, Arbeitssicherheit (mit Sicherheitsvideos), Gesundheit und Ergonomie, Trainings (gleichfalls mit Videos), zu diversen Richtlinien
- Lokale und Team-bezogene Kanäle: hier können sich MitarbeiterInnen an ihren Standorten vernetzen und Wissen austauschen, hinzu kommen nützliche Vor-Ort-Informationen wie (lokale) Schichtpläne, Urlaubspläne, Fahrpläne öffentlicher Verkehrsmittel, Mitfahrzentrale usw.
- Speisepläne (standortbezogen)
- Integrierter Messenger-Dienst
- Feedback und Umfrage-Tools (die das Abfragen einzelner Fragestellungen ermöglichen),
- Veranstaltungskalender und Event-Registrierung
- Gamification-Elemente (Gewinnspiele, Quizzes usw.)

Aktuelle Unternehmensnachrichten können als Push-Nachrichten versandt werden. Sozusagen mit dem Vermerk „Aufgepasst!". Ähnlich gängigen Social-Media-Funktionen sind Shares und Likes möglich. Außerdem können in die Nachrichten Links eingebaut werden, z. B. zur Konzern-Website oder zum Online-Shop des Unternehmens oder zu den Websites von Partnerunternehmen. Und für fremdsprachige MitarbeiterInnen werden automatisierte Übersetzungen angeboten.

Mit Gewinnspielen (wie z. B. einem Tippspiel zur Fußball-WM 2018) und der Möglichkeit, sich für Events (z. B. Sicherheitskurse) zu registrieren, sollen die MitarbeiterInnen animiert werden, die Mitarbeiter-App zu nutzen. Dasselbe Ziel haben Aufforderungen, Fotos von sich oder von den Kindern einzusenden, das Verlosen von Gutscheinen und Kleinanzeigen.

Wird eine Mitarbeiter-App eingeführt, empfiehlt sich ein stufenweiser Prozess (Kolligs 2018):

Einführung und Launch von Mitarbeiter-Apps
- Zuerst erfolgt die Auswahl der Software und Analyse der Nutzer sowie Definition der Inhalte/Kanäle (mit Einbindung von Testusern).
- Die nächste Etappe sollte einem Pilot mit einigen hundert Pilotusern gelten.

- Auch beim Launch selbst ist es besser, diesen in Stufen durchzuführen; natürlich mit einführender Information (Serienbriefe mit den persönlichen Login-Codes an alle MitarbeiterInnen, Ankündigungen in der Mitarbeiterzeitschrift, in Flyern, auf Plakaten und Bildschirmscreens).
- Am Ende der Launch-Phase sollte eine Aktion stehen, die zum Einstieg in die App animiert. Zum Beispiel empfiehlt sich ein Adventskalender-Gewinnspiel (mit Fragen zum Unternehmen). Die Verlosung des Hauptpreises kann als Live-Video auf die Smartphones aller App-User gespielt werden.
- Der „Content Manager" hat ab dem Start des Einführungsprojekts die Verantwortung für die App. Er begleitet die Rollout-Etappen mit Videobotschaften und zeichnet auch weiterhin im laufenden Betrieb verantwortlich für die Inhalte der Mitarbeiter-App.

Mitarbeiter-Apps sind keine Stand-Alone-Lösungen und können eine Mitarbeiterzeitschrift oder ein umfangreiches Intranet nicht ersetzen. Vielmehr wirken sie im Zusammenspiel mit Intranet und Mitarbeiterzeitschrift, in denen vertiefende Informationen zu den Nachrichten der Mitarbeiter-App geboten werden.

Aus der Situation, dass MitarbeiterInnen via Mitarbeiter-App vor Ort erreicht werden (s. Abb. 2.2 und 2.3), können sich zusätzliche, neue Aspekte der Internen Kommunikation ergeben: Bei Attensam, dem österreichischen Marktführer für Hausbetreuung und Winterservice, wurde durch die schnelle und einfache Kommunikation ein besserer Service für die Kunden erzielt, da Mängel oder Gefahrenstellen in einer Liegenschaft digital erfasst und beschrieben sowie den Kunden unkompliziert mitgeteilt werden konnten. Zudem wurden zusätzliche Umsätze erzielt, wenn der/die MitarbeiterIn vor Ort gleich mit der Beseitigung des Mangels beauftragt wurde. Die von den MitarbeiterInnen in ganz Österreich geposteten Bilder vom Schneechaos Anfang 2019 schafften es, die Standorte und Teams österreichweit zusammenzuschweißen (Schneider 2019).

Last, but not least, ein sehr wichtiger Aspekt: Die Frage, ob ein Unternehmen bei der Einführung einer Mitarbeiter-App verpflichtet ist, allen MitarbeiterInnen Smartphones zu kaufen oder nicht, spaltet bei jeder Diskussion zu diesem Tool der Internen Kommunikation die Meinungen. Beispiele, bei denen die MitarbeiterInnen bereitwillig die App auf ihre Privat-Mobiltelefone geladen haben (dm), stehen im Widerspruch zur Auffassung anderer Unternehmen (Engelhardt 2017).

11. März 20:19 Uhr · Attensam Live

Heldengeschichte aus Kärnten

Auch in Unterkärnten wütete heute das Sturmtief Eberhard.

Vor einer Schule in Griffen fällte der Sturm einen Baum. Die freiwillige Feuerwehr Griffen wurde alarmiert und rückte aus.

Zufällig am Einsatzort vorbeikommende Attensam-Mitarbeiter (ebenfalls freiwillige Feuerwehr-Mitglieder) zögerten nicht lange und begannen sofort bei den Aufräumarbeiten zu helfen.

Danke den Kollegen

Dir und 17 Personen gefällt das · 1 Kommentar

  ♥ Gefällt mir   ☆ Lesezeichen   💬 Kommentieren

Superburschen, stets zur Stelle wenn man sie am meisten braucht. 👍👍👍👍👍👍
Gefällt mir · Antworten · 11. März 20:29 Uhr

Abb. 2.2 „Heldengeschichten" in der Mitarbeiter-App „Attensam Inside". (Mit freundlicher Genehmigung von © Hausbetreuung Attensam GmbH 2019. All Rights Reserved)

Wie also kommen die MitarbeiterInnen an die App? Die voestalpine zum Beispiel nahm die Einführung einer Mitarbeiter-App zum Anlass, um einen Active Directory Account für die MitarbeiterInnen einzuführen (Achleitner 2019). Bei den Austrian Airlines wurde das umständliche Passwort-Handling beim Einstieg in die Mitarbeiter-App zur Killerfunktion. Die MitarbeiterInnen wählten stattdessen lieber das knapp danach eingeführte Yammer, um sich auszutauschen (Thier 2019).

Aktion #Osterlächeln - der Gewinner steht fest

Unsere Aktion "#Osterlächeln" ist seit Mittwoch beendet und wir freuen uns, dass wir mit ▮▮▮▮▮ einem Kollegen aus dem Salzburger Pinzgau zum Gewinn gratulieren dürfen!

Der Siegespreis, ein "Riesen-Schoko-Osterhase", wurde am Mittwoch an die Filiale nach Kaprun geschickt und wir freuen uns auf ein Foto von Daniel mit dem Osterhasen :)

Mit seinem Posting vom 9.4. hat Daniel die meisten Likes erhalten und darf sich daher über den goldenen Osterhasen freuen.

FROHE OSTERN und ein schönes Wochenende!

#osterlächeln

wenn man auch mal Lob bekommt von den Bewohnern sowie mal einen Kaffee oder der gleichen. 😊👍

Abb. 2.3 Persönliche Grüße des Geschäftsführers und vieles mehr, das Wertschätzung ausdrückt, in der Mitarbeiter-App „Attensam Inside". (Mit freundlicher Genehmigung von © Hausbetreuung Attensam GmbH 2019. All Rights Reserved)

2.6   Externe Social Media und Messenger

Ein nicht unwesentlicher Teilaspekt digitaler medialer Möglichkeiten ergibt sich für Unternehmen mit der Frage: Wie sollen die MitarbeiterInnen mit (externen) Social Media umgehen? Dürfen sie diese vom Arbeitsplatz aus benutzen? Dürfen sie Informationen und Meinungen zum Unternehmen posten? Bei Opel zum Beispiel sind MitarbeiterInnen ausdrücklich eingeladen, Unternehmensmeldungen zu liken, und es gibt eine Vielzahl „privater" bis „halboffizieller" Facebook-Gruppen neben den offiziellen Facebook-Auftritten des Konzerns, seiner Werke und Tochterunternehmen. Andere Unternehmen hingegen trachten mit Social Media Manuals klare Grenzen zu setzen. Deren Botschaft: Social-Media-Nutzung vom Arbeitsplatz aus verboten, Posts der MitarbeiterInnen unerwünscht (Börse Social Network 2019; Wiener Stadtwerke 2011).

Noch einmal schwieriger wird das Thema mit dem Messengerdienst Whats-App: Engagierte MitarbeiterInnen glauben, dieses Tool gut auch für berufliche Zwecke nutzen zu können. Datensichere Alternativen wie zum Beispiel Threema, Telegram oder Signal werden jedoch von vielen Unternehmen bevorzugt (Eisenkrämer 2018; IONOS 2019; Muth 2018).

Motivation bewirken mit Geschichten

3

In all der Vielfalt von Intranet, internen Social Media, Mitarbeiter-Apps, Management-Briefen und -Ansprachen, Events und Awards bis hin zu Mitbestimmung und Mitarbeiterumfragen gibt es noch ein Segment der Internen Kommunikation, das vor allem auf Motivation abzielt. Motivation braucht Geschichten, in denen einzelne Motivationsfaktoren ausführlich beleuchtet werden. Geschichten, die Emotionen hervorrufen, sodass Motivation erzeugt wird.

Medien, die solche Motivationsgeschichten transportieren können, sind die Mitarbeiterzeitschrift und/oder ein Webmagazin, Blogs, Newsletter, Corporate TV bzw. Infoscreens und Podcasts, Wandzeitungen und Poster sowie Broschüren.

3.1 Die richtige Themenwahl

Bevor noch das geeignete Medium für Motivationsgeschichten gewählt werden kann, muss feststehen, welche Themen transportiert werden sollen. Zwei Gruppen von Themen sind dabei zu unterscheiden: einerseits solche, die die Aufgabe haben, bewusstseinsbildend zu wirken, und andererseits welche, die dazu dienen, andere Kommunikationsmaßnahmen zu verstärken (das gilt z. B. für Event-Berichte, Berichte zu Ideenmanagement usw.). Darüber hinaus ist bei der Themenwahl darauf zu achten, dass motivierende Faktoren gegenüber demotivierenden verstärkt werden. Denn Motivation entsteht aus dem Zusammenwirken aller demotivierenden und motivierenden Faktoren.

Zuallererst gilt es, demotivierenden Faktoren (Becker 2018; Greenberg 2018; Rosenstiel 2011; Schuler 2007) entgegen zu wirken: also Verunsicherung bei Veränderungen und Desinformation, Stress angesichts wenig prestigeträchtiger Jobs und Stress wegen Über- oder Unterforderung. Auch soziale Konflikte (im Team,

© Springer Fachmedien Wiesbaden GmbH, ein Teil von Springer Nature 2020   19
K. Engelhardt, *Erfolgreiche Interne Kommunikation im Digital Workplace*,
essentials, https://doi.org/10.1007/978-3-658-27949-3_3

mit dem Chef) können die Motivation mindern; ebenso schlechte Aufstiegs-
chancen sowie mangelnde Fairness bei der Bezahlung oder Diskriminierung.
Darüber hinaus können schlechte Kommunikationsbedingungen selber zur
Demotivationsursache werden: im Sinne von unzureichendem Werkzeug und
schlechten Arbeitsbedingungen. Storys in der Mitarbeiterzeitschrift (und ver-
wandten Medien) können hier ausgleichend wirken und andere, positive Aspekte
aufzeigen.

Motivierende Faktoren (Becker 2018; Greenberg 2018; Rosenstiel 2011;
Schuler 2007) gehören kommunikativ in den Vordergrund gerückt: zuallererst Stolz auf die Arbeit. Motto: Meine Arbeit ist etwas wert! Weitere motivierende Faktoren: eine beflügelnde Unternehmensvision und überzeugende
Unternehmenswerte, klare Ziele des Unternehmens und der Arbeitsvorgaben,
Respekt und Wertschätzung, ein guter Führungsstil, Teamgeist, Zukunftsperspektiven (hinsichtlich Weiterbildung und Karriere) sowie Mitsprache- und
Mitgestaltungsmöglichkeiten. Es gibt eine Vielzahl an Beispielen für Geschichten, die die Motivation befördern:

Beispiele

- Berichte über Leistungen von MitarbeiterInnen und/oder Teams – sie
  vermitteln Stolz auf die Arbeit.
- Mitarbeiter- und Team-Porträts – auch sie vermitteln Stolz auf die Arbeit
  und sind außerdem ein Zeichen von Wertschätzung.
- Berichte, die die Unternehmensvision und die Unternehmenswerte illustrieren.
- Storys, die die Ziele des Unternehmens veranschaulichen,
- Storys zu Ereignissen und Leistungen des Unternehmens – sie vermitteln
  Stolz auf das Unternehmen.
- Begleitende Berichte zu Veränderungsprozessen, in denen deren Ziele und
  Visionen sowie die laufenden Fortschritte illustriert werden.
- Berichte, die darstellen, welche Erfolge bzw. Karrieren im Unternehmen
  möglich sind, sowie Berichte zu Trainingsangeboten.
- Darstellungen zu den Maßnahmen der Personalabteilung wie z. B. Job-
  Rotation, Austauschprogramme, Mentoring, Trainee-Programme und der-
  gleichen.
- Berichte zu Sport-, Kulturaktivitäten für die MitarbeiterInnen.
- Berichte über Sponsoring- und Charity-Aktivitäten des Unternehmens
  (eventuell unter Einbindung der MitarbeiterInnen).

- Berichte zu Incentives und über alle Sorten von Events, die im/vom Unternehmen veranstaltet werden.
- Berichte zu Mitarbeiterbeteiligungsmaßnahmen: über Ideenmanagement, Awards, Mitarbeiterumfragen (Ergebnisse und daraus resultierende Folgemaßnahmen) und die Mitarbeitermitsprache bei Veränderungsprozessen (z. B. auch bei der Einführung neuer digitaler Medien).

Der richtige Blickwinkel ist ein weiterer wichtiger Aspekt in Bezug auf die Themenwahl für interne Medien. Ein geeignetes Thema kann völlig „falsch ankommen", wenn es nicht entsprechend der Sichtweise der betroffenen MitarbeiterInnen dargestellt wird. Zu einem erfolgreichen Projekt zum Beispiel sind in der Kommunikation nach außen (Presseinformation, Kundenzeitschrift) andere Fakten herauszustreichen als in der Kommunikation gegenüber den MitarbeiterInnen. Die wollen vor allem hören, welche MitarbeiterInnen dabei welche Leistungen erbracht haben und was das Projekt für ihre eigene Zukunft bedeutet. Noch deutlicher wird die Forderung nach dem richtigen Blickwinkel bei Themen wie z. B. Mitarbeiterabbau. In der Kommunikation nach außen hin werden wirtschaftliche Fakten eher bedeutsam sein. Gegenüber den MitarbeiterInnen muss hingegen Betroffenheit durchklingen und sich in der Darstellung aller Fakten zu Sozialplänen und dergl. ausdrücken.

Storytelling kommt daneben in der Internen Kommunikation besondere Bedeutung zu, aufgrund der Erkenntnis, dass Leserinteresse nur mit guten, in spannender Form aufbereiteten Inhalten gewonnen werden kann und Überzeugungsarbeit vor allem über Emotionen erfolgt (Chlopczyk 2017; Ettl-Huber 2014; Müller 2014). Gute Storys brauchen – gemäß der Ableitung von Storytelling von den Gesetzen des Drehbuch-Schreibens – Helden und „Bösewichte", Überraschungen und/oder glückhafte Momente (Plot Points) sowie schließlich die letzte Einsicht (Auflösung). Ziel von Storytelling sollte es sein, Bilder im Kopf – die nur durch das bildhafte Schildern von Details möglich werden – entstehen zu lassen und Emotionen zu erzeugen.

Die Wahl des richtigen Themas und der richtige Blickwinkel sind jedoch nicht allein entscheidend, wenn die Motivationsbotschaft ankommen soll: Die Story muss auch über das richtige Medium transportiert werden. Und außerdem muss die Art und Weise, wie die Inhalte/Botschaften vermittelt werden, überzeugen. Nur wenn Medium, Themenwahl, Blickwinkel, Text- und Bildgestaltung sowie Grafik und Produktion bis ins letzte Detail allesamt genau die Bedürfnisse der Adressaten treffen, kann die gewünschte Wirkung erzielt werden (s. Abb. 3.1).

Abb. 3.1 Einige der Mitarbeiterzeitschriften, für deren Relaunch die Autorin dieses Buches verantwortlich zeichnete. (Foto: Helga Mayer) (Mit freundlicher Genehmigung von © engelhardt kommunikation gmbh 2019. All Rights Reserved)

3.2 Das Mitarbeitermagazin

Die Mitarbeiterzeitschrift bzw. das Mitarbeitermagazin hat gegenüber früheren Zeiten eine völlig andere Funktion übernommen. Bevor es digitale Medien gab, musste die Mitarbeiterzeitschrift auch Funktionen erfüllen, die heute Mitarbeiter-Apps, internen Social Media und dem Intranet oblagen. Natürlich in einer im Vergleich zu heutigen Möglichkeiten rudimentären Form. Für viele Kommunikationsverantwortliche ist diese veränderte Rolle der Mitarbeiterzeitschrift nur schwer nachzuvollziehen. Daher ertönen vielerorts die Rufe: Die Mitarbeiterzeitschrift ist tot! Was nur bedingt stimmt: Die Mitarbeiterzeitschrift, wie sie früher war, ist tot. Die Mitarbeiterzeitschrift mit geänderter, aktueller Positionierung aber ist sehr lebendig und wichtig!

Die vorderste Aufgabe einer Mitarbeiterzeitschrift (und verwandter Medien) muss heutzutage weniger im Übermitteln „aktueller News" liegen, sondern im Aufzeigen und Bewusstmachen der für das Unternehmen und seine MitarbeiterInnen wichtigen Themen – und dies im Wechselspiel mit den anderen internen Medien. Vor allem erklärende und beschreibende Geschichten in Storytelling-Manier haben ihren Platz in der Mitarbeiterzeitschrift. Der Mitarbeiterzeitschrift kommt darüber hinaus die Rolle zu, einen Eindruck des Unternehmens als Ganzes zu liefern.

3.2.1 Print oder online?

Mit dem Medium Mitarbeiterzeitschrift ist heutzutage ein weiteres Dilemma eng verknüpft, dem sich die für Interne Kommunikation Verantwortlichen gegenüber sehen: Muss die Mitarbeiterzeitschrift gedruckt werden? Oder soll sie zum Webmagazin mutieren? Oder soll sie sich gedruckt und – mehr oder minder 1:1 – online den MitarbeiterInnen präsentieren? Als Antwort gibt es kein klares pro oder kontra, sondern komplexe Lösungsansätze, denn jede der drei angeführten medialen Formen funktioniert sehr unterschiedlich (Lout 2013; Lun 2017; Paefgen-Laß 2014; Staiger 2015):

Die gedruckte Mitarbeiterzeitschrift wird geliebt, weil sie ein hochwertiges Lesevergnügen vermittelt – mit dem haptischen Erleben von Anfassen und Umblättern. Womöglich in aufwendiger Papier- und Druckqualität. Hinzu kommt, dass die (gedruckte) Mitarbeiterzeitschrift normalerweise per Post versendet wird, eventuell sogar mit einem Begleitbrief des Managements bzw. des CEO. Familienangehörige und Freunde können mitlesen und sich beeindrucken lassen vom Auftritt des Unternehmens, das die Mitarbeiterzeitschrift herausgibt. Außerdem kann die gedruckte Mitarbeiterzeitschrift auch an MitarbeiterInnen versandt werden, die sich bereits im Ruhestand befinden – eine in ihrer Bedeutung nicht zu unterschätzende Zielgruppe.

Typisch für eine gedruckte Zeitschrift: die Platzbeschränkung, der sich die Redaktion zu unterwerfen hat, sowohl hinsichtlich der Menge und Größe von Bildern sowie der Textlängen. Und natürlich auch bei der Themenauswahl.

Eine gedruckte Mitarbeiterzeitschrift kann – was die Aktualität anbelangt – natürlich nicht mit einem Webmagazin mithalten. Wobei die Vorstellung, dass interne digitale Medien auf Knopfdruck News hinausjagen können, trügerisch ist: Jede Information in Unternehmen ist sehr komplexen Abstimmungsabläufen unterworfen, die die Möglichkeit, tagesaktuell zu informieren, untergraben. Trotzdem können digitale Medien schneller reagieren als eine gedruckte Zeitschrift.

Ein Webmagazin kann jederzeit und allerorten nachverfolgt werden (Responsive Design selbstverständlich vorausgesetzt): auf dem PC am angestammten Arbeitsplatz, auf dem Tablet, auf dem Smartphone. Es kann wesentlich aktueller sein als gedruckte Medien: Sind Texte einmal von allen maßgeblichen Stellen im Unternehmen freigegeben, kann das Onlinestellen binnen Tagesfrist erfolgen. Korrekturen sind außerdem auch noch im Nachhinein möglich. Die Daten, die in einem Webmagazin angeboten werden können, sind fast unbeschränkt: umfassende Bildberichte und Videos, implementierte Links … Alles geht.

Aber: Ein Webmagazin legt die Entscheidung, sich mit den Inhalten des Mediums auseinanderzusetzen, ganz in die Hände des/der LeserIn. Klickt er/sie die Startseite und die nachfolgenden Storys nicht an, bleiben die wertvollen Informationen/Geschichten ungehört. Flankierende Medien – Info-Mails, gedruckte Teaser – und Hinweise in anderen Medien sind daher unabdingbare Voraussetzung, damit ein Webmagazin überhaupt wahrgenommen wird. Außerdem unterscheidet sich das „Leseerlebnis" sehr wesentlich von jenem einer gedruckten Zeitschrift: Den Usern wird Scrollen abverlangt, wenn sie längere Geschichten komplett verfolgen wollen – was meist verweigert wird. Die Konsequenz: Botschaften/Inhalte müssen in kurze Texte verpackt und von sehr viel gutem Bildmaterial begleitet werden.

Bleibt zum Schluss noch die Frage: Soll das Webmagazin (für die MitarbeiterInnen) extern einzusehen sein? Mit einer eigenen, öffentlichen Domain? Oder soll es über das Intranet angeboten werden? Wenn das Webmagazin ein öffentliches Medium ist, bringt das thematische Einschränkungen mit sich, was gerade in Bezug auf die Motivation der MitarbeiterInnen ein Nachteil sein kann.

Online-Versionen einer gedruckten Mitarbeiterzeitschrift (gleiche Texte in 1:1- oder ähnlicher Optik) sind eine halbherzige Lösung. Das digitale Durchblättern von für den Druck gestalteten Artikeln widerspricht der Funktionsweise von Informationsangeboten im Internet und lädt nicht zum Lesen ein. Dennoch bieten mittlerweile viele Unternehmen ihre Mitarbeiterzeitschrift auf diese Weise online an: Um dem digitalen Informationsbedürfnis der MitarbeiterInnen entgegen zu kommen und um die Entscheidung über eine Neupositionierung des Mitarbeitermagazins hinauszuschieben.

Drei Beispiele verdeutlichen die Bandbreite:

Beispiel Opel

Die „Opel Post" – das Mitarbeitermagazin der Opel Automobile GmbH – erscheint seit 2014 als Webmagazin mit sechs unterschiedlichen Plattformen für die einzelnen Standorte (Stand Juli 2019). Unter verschiedenen öffentlich zugänglichen Links (https://opelpost.com bzw. https://opelpost.de usw.). Das zuvor gedruckte Mitarbeitermagazin wurde eingestellt. Es war (ab 2010) bis zu elfmal jährlich als europaweites Medium in sechs Sprachen mit Mutationen für die einzelnen Standorte erschienen und wurde per Post an alle MitarbeiterInnen und an MitarbeiterInnen im Ruhestand verschickt. Vorher – bis 2010 – war die „Opel Post" die Mitarbeiterzeitung für die deutschen Standorte des Opel-Konzerns; die übrigen Standorte hatten ihre eigenen Mitarbeiterzeitschriften.

Abb. 3.2 Gedruckte Teaser (deren Rückseiten als Poster gestaltet waren) lenkten die Aufmerksamkeit auf das Webmagazin „Opel Post". (Foto: Helga Mayer) (Mit freundlicher Genehmigung von © engelhardt kommunikation gmbh 2019. All Rights Reserved)

Die User-Statistiken belegten für das Webmagazin gleich zu Beginn eine sehr hohe Akzeptanz. Diese war der Tatsache geschuldet, dass das aktuelle Erscheinen einzelner Geschichten via Mail und Aushang (und fallweise auch via Facebook) allen MitarbeiterInnen angekündigt wurde. Bis 2017 gab es zusätzlich gedruckte „Teaser", um die Aufmerksamkeit zu erhöhen (Vier-Seiter in A4-Format mit Anrissen zu aktuellen Storys, die – auseinandergeklappt – ein Poster mit Bildern von neuen Automodellen ergaben) (s. Abb. 3.2).

Beispiel ThyssenKrupp

Auch ThyssenKrupp setzt unter https://we-online.thyssenkrupp.com/de/ auf ein Webmagazin für seine MitarbeiterInnen (in aufwendig strukturierter Form und mit Übersetzungen aller Inhalte in sieben Sprachen). Darüber hinaus bietet der Konzern viermal jährlich ein gedrucktes Mitarbeitermagazin in sechs Versionen (für den Konzern und die Unternehmensbereiche) an, die gleichfalls in acht Sprachen erhältlich sind. Dass die Geschichten im gedruckten Medium und online großteils identisch sind, schmälert die Akzeptanz des Webmagazins.

Beispiel voestalpine

Bei der voestalpine stehen die gedruckten Mitarbeiterzeitschriften im Vordergrund (Keplinger 2019). Es gibt viermal jährlich eine deutsche gedruckte Ausgabe mit 60 Seiten, von denen 30 Seiten für die einzelnen Divisionen mutiert werden. Diese deutsche Ausgabe wird zusätzlich – in web-nativ adaptierter Form – online gestellt. Daneben gibt es – gleichfalls viermal jährlich – eine 40-seitige gedruckte Ausgabe mit Inhalten, die für das nicht-deutschsprachige Ausland relevant sind; mit Übersetzungen in neun Sprachen. Die englische, portugiesische und niederländische Übersetzung wird zusätzlich online gestellt.

Die Bandbreite der drei genannten Beispiele reicht also vom ausschließlichen Bekenntnis zu einem Webmagazin über eine Sowohl-als-auch-Lösung bis zur Präferenz des gedruckten Magazins, das zusätzlich – als Backup – auch noch online gestellt wird.

3.2.2 Medienkonzeption und Journalismus als Herausforderung

Wer eine Mitarbeiterzeitschrift produzieren will, muss das Handwerk der Medienkonzeption und des Journalismus beherrschen. Wobei gleich klargestellt werden soll: Wer tolle Storys schreiben kann, muss noch lange nicht wissen, wie man eine Zeitschrift konzipiert, insbesondere eine Mitarbeiterzeitschrift. Und: Ein Zeitschriftenkonzept ist mehr als ein schönes Layout (Vilsmeier 2013; Vilsmeier 2017; Sturm 2013; Weber 2015).

Tipps zur Konzeption einer Mitarbeiterzeitschrift
Die Analyse der Themen, die für das Unternehmen und seine MitarbeiterInnen wichtig sind, muss an erster Stelle stehen. Auf ihr basierend muss definiert werden, welche Identität mit dem Medium transportiert werden soll: Unternehmensvision und Unternehmenswerte sollten schon beim ersten Blick auf eine Mitarbeiterzeitschrift greifbar werden.

Der Zeitschriftentitel sollte Ausdruck der Identität der Zeitschrift sein (wie zum Beispiel „Blockzeit" für die Mitarbeiterzeitschrift des Flughafens Wien[1]).

---

[1]Blockzeit bezeichnet die Zeit von dem Moment, in dem sich ein Flugzeug vor dem Abflug in Bewegung setzt, bis zum Augenblick des Stillstands am Zielflughafen.

Im Normalfall freilich werden Titel wie „inside", „intern", „News", „Post" usw. plus dem Namen des Unternehmens bevorzugt.

Die Erfahrung zeigt, dass gut eingeführte (auch nicht sehr kreative) Zeitschriften-Titel im Bewusstsein der MitarbeiterInnen verankert bleiben. Im Motoren- und Getriebewerk Wien-Aspern sprachen die MitarbeiterInnen jahrelang von „GM intern" (so hieß die Mitarbeiterzeitschrift ab der Gründung des Werks im Jahr 1982), obwohl dieser Name schon seit Jahren Geschichte war. Sie hieß 1995 bis 2001 „Opel Austria News", danach „Powertrain inside" und ab 2010 „Opel Post". Der Firmenname hatte sich im gleichen Zeitraum auch mehrfach geändert[2].

In einem weiteren Schritt geht es bei der Medienkonzeption darum, die infrage kommenden Themen clusterartig zu sichten und auf diese Weise eine Gliederung auszuarbeiten. Überlegungen zum Stellenwert und zur Textsorte einzelner Berichte sollten dabei bereits eine Rolle spielen. Mit Fragen wie: Welche Themen sollen in welcher Form in den Vordergrund gerückt werden? Auf welche Weise sollen „Nebenthemen" präsentiert werden? In Bezug auf Textsorten überwiegen tatsachenbetonte Textformen wie Nachrichten, Features und Magazinstorys Porträts, Reportagen, Interviews. Meinungsbetonte Textformen wie Kommentare und Glossen haben daneben – im Vergleich zu Kaufzeitschriften – ein schweres Leben. Ihr Wert resultiert ja daraus, dass sie Zustände kritisch beleuchten. Kritik ist in einer Mitarbeiterzeitschrift eher nicht erwünscht.

Je nach den aktuellen Gegebenheiten im Unternehmen können Berichte zu technischen Innovationen oder die Berichterstattung zu einem Projekt oder andere Schwerpunktthemen in eigenen Rubriken zusammengefasst werden. Oder jede Ausgabe ist einem bestimmten Schwerpunktthema gewidmet, dem – zur Abrundung – nur einige „ergänzende News" zur Seite gestellt werden. Oder die Gliederung zielt auf andere strategische Akzente ab usw. Thematische Akzente lassen sich setzen mit „Erfolgsstorys", Statements/Interviews des Managements, Textserien, die bestimmte Themen aus einem ungewöhnlichen Blickwinkel beleuchten.

Nach außen sichtbar wird die Gliederung durch die Rubriken-Titel, die sich in ihrer Namensgebung an den Titel der Zeitschrift anlehnen sollten.

Nicht nur die Art und Weise der Textform, sondern auch den Platzbedarf der einzelnen Beiträge gilt es vorneweg zu planen. Kurzmeldungen (neben langen Storys) sind in jedem Fall eine gute Form, um thematische Vielfalt und Abwechslung für den Leser zu ermöglichen und sicherzustellen, dass alle für das Unternehmen relevanten Themen in der Berichterstattung vorkommen.

---

[2]Die Autorin zeichnete in den vergangenen 24 Jahren (Stand Juli 2019) für die Mitarbeiterzeitschrift/das Webmagazin des Opel-Motoren- und Getriebewerks in Wien-Aspern verantwortlich.

Von Anbeginn zu planen ist auch, wie und von wem Texte produziert werden sollen. Journalistisch geschriebene Texte sind besser als von MitarbeiterInnen verfasste und nachträglich redigierte. Nur ein Profi versteht es, komplexe Inhalte auf den Punkt zu bringen und zwischen Tatsachenbericht und Meinung zu unterscheiden. Texte in Storytelling-Manier setzen darüber hinaus hohes Schreibkönnen voraus.

Ein spezieller Aspekt ist die Herausforderung, so weit als möglich Objektivität und Glaubwürdigkeit zu vermitteln. In Mitarbeiterumfragen zur Mitarbeiterzeitschrift bzw. zu den Medien der Internen Kommunikation ist Mangel an Glaubwürdigkeit der häufigste Kritikpunkt. Dem ist vor allem mit Fakten und (bildhaften) Details sowie Authentizität (Zitate) zu begegnen. Und mit Mut bei der Auswahl der Themen.

Auch die Möglichkeiten der Bildredaktion sollten von Vornherein ins Kalkül gezogen werden: Welches Bildmaterial wird bei den meisten Themen zur Verfügung stehen? Wenn es wenig geeignetes Fotomaterial gibt, welche alternativen optischen Gestaltungselemente können eingesetzt werden? Illustrationen und Business-Grafiken können hier ein sehr gutes – wenn auch aufwendiges – Gestaltungselement sein. Oder es wird eine fotografische Linie gewählt, bei der „Symbolbilder" die nicht vorhandenen Fotos zu den dargestellten Themen ersetzen (s. Abb. 3.3).

Abb. 3.3 Mitarbeiterzeitschriften sollten vor allem Fotos von MitarbeiterInnen zeigen. (Foto: Helga Mayer) (Mit freundlicher Genehmigung von © engelhardt kommunikation gmbh 2019. All Rights Reserved)

Erst nachdem alle bisher aufgezählten Schritte erledigt sind, kommt die Grafik zum Zug: Das grafische Basiskonzept der Zeitschrift soll die gewünschte Identität vermitteln, auf die geplanten Textformen und die ins Auge gefasste Bildsprache Rücksicht nehmen und natürlich alle Erkenntnisse zum Verhalten von Lesern berücksichtigen.

Bevor mit der Produktion der ersten Ausgabe begonnen wird, empfiehlt sich auch noch eine langfristige Themenplanung (etwa für ein Jahr), um abschätzen zu können, ob die Zeitschrift regelmäßig in der geplanten Weise befüllt werden kann.

Tipps zur Konzeption eines Webmagazins
Vieles von dem zuvor zur Konzeption einer Mitarbeiterzeitschrift Gesagte gilt auch für die Konzeption eines Webmagazins (Sturm 2013; Weber 2015): Analyse und Definition der Identität, die transportiert werden soll, müssen natürlich ebenso am Anfang stehen und sich in Titel, Themenwahl, Themenschwerpunkten und Gliederung ausdrücken. Aber schon bei der Struktur ergeben sich wesentliche Unterschiede: Welche Themen sollen in Slider wandern? Welche in Kacheln? Zu viele Rubriken verwirren die User. Bilder und knappe Titel müssen es schaffen, auf den ersten Blick zu fesseln, sodass die User die Information anklicken und zum Lesen gerne weiterscrollen.

Texte treten gegenüber Bildelementen (inkl. Bewegtbild) in den Hintergrund. Bildredaktion wird also zum alles entscheidenden Element.

Während im gedruckten Medium Abwechslung (in Textlängen und Textsorten und in der grafischen Gestaltung) das A & O ist, ist es im digitalen Medium die Struktur, die es dem/der UserIn so einfach wie möglich machen sollte einzusteigen, Inhalte zu erfassen und – bei Interesse – sich im Medium weiter fortzubewegen.

Der Versuch, gedruckte Informationen mehr oder minder 1:1 in die digitale Form zu übertragen, wird noch einmal mehr angesichts der unterschiedlichen Mediennutzung zu einer unbefriedigenden Zwitter-Lösung.

3.3 Blog und Newsletter

Als Schmalspurversion eines Mitarbeitermagazins können Blog oder Newsletter eingesetzt werden (Amireh und Beckmann 2012; Beins 2015; Sprung 2017). Der wesentliche Unterschied zum Mitarbeitermagazin ist die geringere Themenvielfalt und die weniger aufwendige Gestaltung. Die Textsorte Nachrichten dominiert in Newslettern. Blogs hingegen kommen (wenn sie nicht einer einzelnen Person wie dem CEO zugeordnet sind) als Sammlung unterschiedlicher Beiträge daher und verfolgen das Ziel, bestimmte Themen in den Vordergrund zu rücken und diese näher zu beleuchten.

In kleinen Unternehmen kann es durchaus sinnvoll sein, via Blog bzw. Newsletter Informationen an die MitarbeiterInnen heranzutragen, statt ein aufwendiges Mitarbeitermagazin zu produzieren.

In großen Unternehmen werden Newsletter hingegen gerne als ergänzendes Medium eingesetzt (neben dem Mitarbeitermagazin), um Detailinformationen – wie Impfaktionen, Parkplatzregelungen, Einzelmeldungen zu Qualitätsfortschritten und dergleichen – zu kommunizieren. Diese Informationen werden zumeist gleichzeitig über eine Mitarbeiter-App oder als News im Intranet weitergereicht.

Blogs können in großen Unternehmen als zusätzliches Medium genützt werden, um die Aufmerksamkeit auf bestimmte Themen zu lenken.

3.4   Infoscreens, Corporate TV & Corporate Audio

Seit Ende der 1990er Jahre entdeckten Unternehmen Infoscreens als Medium für die Interne Kommunikation. Sie erwarben Bildschirme und Managementserver sowie die dazugehörigen Content-Management-Systeme, die es ermöglichen, vom Managementserver aus die Bildschirme zu bespielen. Die Bildschirme wurden im Eingangsbereich des Unternehmens, in der Kantine, in Besprechungs- und Teamräumen aufgehängt – allerdings meist nur im Headquarter.

Heute – einige Jahre später – haben sich im Wesentlichen zwei Varianten zur inhaltlichen Befüllung durchgesetzt: Eine Variante arbeitet mit statischen Text-Bild-Formaten (Engelhardt 2014a, b). Dabei werden Informationen wie Unternehmens-News, Wissenswertes rund um das Unternehmen, Kurzinformationen zu Unternehmens-Kampagnen, Mitarbeiter-Statements zu einzelnen Themen, Informationen zum jeweiligen Standort, Gesundheitstipps, Angebote für MitarbeiterInnen (zum Beispiel Urlaubsaktionen), Gewinnspiele usw. im regelmäßig wiederkehrenden Durchlauf ausgestrahlt. Ergänzend gibt es Inhalte von allgemeinem Interesse: Wetterberichte, Nachrichten aus dem Land usw.

Die andere Variante bietet – im Sinne von echtem Corporate TV (Amberg 2013; Behr 2007; Dhillon 2012; Neckermann 2003) – Bewegtbilder, manchmal sogar mit Ton. Sehr oft werden Werbespots auf diesem Weg den MitarbeiterInnen nähergebracht. Auch Unternehmensvideos von der (externen) Website zu Produkten, Projekten und Unternehmensbereichen sowie Mitarbeiterporträts werden über die Bildschirme ausgestrahlt. Und mit Interviews des Unternehmenschefs und von Bereichsleitern ergänzt. „Wissenswertes" zum Unternehmen spielt auch hier eine wesentliche Rolle.

Infoscreens und Corporate TV haben also vor allem die Aufgabe, wesentliche Fakten zum Unternehmen als Ganzes zu vermitteln. „Service-Informationen" haben die Funktion, die Aufmerksamkeit auf die Unternehmensinformationen zu lenken.

Ähnliche Inhalte dominieren auch bei Corporate Audio (Eck 2008; Fuß 2008; Hinsen 2012), bei dem die Audio-Nachrichten im Intranet (via PC), über iPhones und Audio-Stationen (zum Beispiel in der Produktion) abgehört werden können. In der Regel wöchentlich, jeweils zu einem bestimmten Zeitpunkt, mit eigener Erkennungsmelodie und typischen Klangwelten (Soundscapes).

3.5   Wandzeitungen, Poster & Schwarzes Brett

Vor allem in Produktionsunternehmen wird offenbar: Auch Wände können dazu genutzt werden, um Informationen zu transportieren. Die älteste – und nach wie vor existierende – Form der Kommunikation in Unternehmen ist das „Schwarze Brett" (Grossmann 2019). Mit Betriebsratsinformationen, Arbeitssicherheits- regeln, News zum Betrieblichen Vorschlagswesen und dergleichen. Ausdrucke des per Mail versandten Newsletters werden auch heute noch hier gerne aus- gehängt.

Poster sind ebenso ein beliebtes Medium, um die Unternehmenswerte zu bewerben, die Ergebnisse von Mitarbeiterumfragen zu kommunizieren, auf Aktio- nen im Rahmen des Betrieblichen Vorschlagswesens oder Gewinnspiele aufmerk- sam zu machen.

Ein ziemlich selten genutztes, aber doch interessantes und wirksames Medium sind Wandzeitungen. In Format A1 oder sogar noch etwas größer. Sie werden an Wänden in Hallen, Gängen, Teamräumen usw. ausgehängt. In verschiedenen Ausformungen: einmal ganz wie eine gedruckte Zeitung mit einer Vielzahl von Berichten, die von den Betrachtern davor stehend gelesen werden können (Ach- leitner 2019). Eine andere Variante vereint Plakatives und zeitunghaftes in sich: Einzig ein Thema wird beleuchtet – mit einem großen, plakatartigen Bild und einem Slogan (Engelhardt 2015). Ergänzende Detailinformationen zum Schwer- punkt-Thema kommen in Art von Zeitungs-Anrissen (mit Foto) daher. Die erste Variante erscheint bis zu zweimal monatlich (zum Beispiel am Standort Linz der voestalpine), die andere Variante begleitete im Opel-Motoren- und Getriebewerk Wien-Aspern das Projekt zum Aufbau eines neuen Getriebewerks oder diente in

Tochterunternehmen von (ehemals) Böhler Uddeholm dazu, die Aufmerksamkeit der MitarbeiterInnen auf einzelne Schwerpunktthemen wie Umorganisation, Qualität, Produktivitätssteigerung, Kosteneffizienz usw. zu lenken – in vierteljährlicher oder weniger häufiger Erscheinungsweise.

3.6   Broschüren und andere Druckerzeugnisse

Aufwendige gedruckte Imagebroschüren oder Nachhaltigkeitsberichte sind ziemlich aus der Mode gekommen. Derartige Informationen werden heutzutage vor allem online, über die Website angeboten. Wenn es sie aber doch gibt, so empfiehlt es sich durchaus, sie im Sinne ihrer Botschafterrolle auch an die MitarbeiterInnen zu verteilen.

Andere Druckerzeugnisse wie Flyer und Folder sind demgegenüber nach wie vor gang und gäbe (Führmann und Schmidbauer 2016; Krönung und Manolagas 2013). Immer dann, wenn bestimmte Informationen „haptisch" übermittelt werden sollen. Das kann zum Beispiel ein Campus Guide anlässlich der Übersiedlung in das neue Headquarter sein oder eine Zusammenfassung der wichtigsten Arbeitssicherheitsregeln oder auch die Regeln zur Mülltrennung usw.

Der richtige Medienmix

4

Ausgewogenheit ist bestimmend bei der Wahl der richtigen Medien für die Interne Kommunikation. Es gilt nicht nur Medien/Maßnahmen für die Hauptforderungen der Internen Kommunikation (Wissen und Hilfestellung für die Arbeit, Führung und Face-to-Face-Kommunikation, Mitarbeiterbeteiligung und Motivation mit Geschichten) bereitzustellen, sondern auch Kriterien wie Unternehmensgröße, Kommunikationsverfügbarkeit und Unternehmenskultur zu berücksichtigen (Chaudhuri 2015; Hein 2008; Reiß und Steffens 2009).

4.1 Unternehmensgröße und Kommunikationsverfügbarkeit

Mitarbeiterzahl und Zahl der Standorte spielen bei der Wahl der internen Medien eine Rolle, ebenso die Fragen: In welchen unterschiedlichen Organisationseinheiten bzw. Tochtergesellschaften sollen die Medien eingesetzt werden? In welchen Ländern und in welchen Sprachen?

4.1.1 Unternehmensgröße

Medien für Unternehmen bis etwa 100 MitarbeiterInnen
Für ein Unternehmen mit rund hundert MitarbeiterInnen an mehreren Standorten könnte ein einfaches Intranet bereits seinen Zweck erfüllen. Besser wäre heutzutage schon eine Mitarbeiter-App. Oder es gibt zumindest – neben dem allgegenwärtigen Mail-Austausch – einen Enterprise Messenger. Daneben muss der CEO

© Springer Fachmedien Wiesbaden GmbH, ein Teil von Springer Nature 2020
K. Engelhardt, *Erfolgreiche Interne Kommunikation im Digital Workplace,*
essentials, https://doi.org/10.1007/978-3-658-27949-3_4

eine sehr wesentliche Rolle hinsichtlich der Mitarbeiter-Kommunikation über-nehmen: Er muss Strategien und Ziele sowie Visionen und Zukunftsperspektiven verdeutlichen, Teamgeist befördern und Wertschätzung spürbar machen. Und sich dem Dialog mit den MitarbeiterInnen stellen. Ein Mitarbeitermagazin (print oder online) ist in dieser Größenordnung noch nicht sinnvoll. Aktuelle News sollten stattdessen über einen monatlichen Newsletter per Mail und/oder über die Mit-arbeiter-App oder den Enterprise Messenger an die MitarbeiterInnen übermittelt werden. Bleibt zum Schluss noch zu sagen: Face-to-Face hat in dieser Größen-ordnung einen besonders hohen Stellenwert. Mit Weihnachtsfeier oder New Year's Party, Kick-off-Event, Come-Together-Veranstaltungen usw.

Medien für Unternehmen ab etwa 500 MitarbeiterInnen
Je größer das Unternehmen, desto mehr ändern sich die Anforderungen an die Interne Kommunikation: Ab etwa 500 MitarbeiterInnen stoßen die Möglichkeiten vor allem face-to-face zu kommunizieren (abgesehen vom Intranet und Internen Social Media) an ihre Grenzen. Jetzt kann ein Mitarbeitermagazin (print oder online) oder ein Blog sinnvoll sein. Laufende News gehören in einem Newsletter und/oder in News im Intranet bzw. via Mitarbeiter-App kommuniziert. Außerdem wird die Frage wichtig: Wie lassen sich die MitarbeiterInnen verstärkt einbinden? Es gilt, die Einführung eines Ideenmanagements in Erwägung zu ziehen. Und der CEO muss danach trachten, die MitarbeiterInnen nicht nur im persönlichen Gespräch zu informieren, sondern eventuell mithilfe von Video-Botschaften oder in einem eigenen Blog oder in Interviews im Mitarbeitermagazin. Auch die Frage, welche Events den MitarbeiterInnen geboten werden sollen, muss nun neu überdacht werden. Abgesehen vom Dialog der MitarbeiterInnen mit dem Management.

Medien für Unternehmen ab etwa 1000 MitarbeiterInnen
Ab etwa 1000 MitarbeiterInnen wird es noch spannender: Ein gut funktionieren-des Intranet und gut eingespielte Wege der Führungskommunikation (in welcher Form sich die Geschäftsleitung gegenüber den MitarbeiterInnen zu Wort meldet) sind unabdingbar. Ebenso sind ein Medium, über das motivierende Geschich-ten transportiert werden, also ein Mitarbeitermagazin (print oder online), und ein Medium, über das aktuelle News transportiert werden (Newsletter, Mit-arbeiter-App), notwendig. Daneben sollte ein gut organisiertes Ideenmanagement selbstverständlich sein, ebenso regelmäßige Mitarbeiterumfragen. Zusätzliche Medien wie Interne Social Media, Infoscreens und Poster werden immer wich-tiger. Die Funktionen des Intranets (vor allem, wenn es ein Social Intranet ist),

einer Mitarbeiter-App und Interne Social Media können überlappend bzw. austauschbar gestaltet werden. Face-to-Face-Veranstaltungen bekommen eine neue Qualität, wenn zum Beispiel alle MitarbeiterInnen nach und nach Werte-Workshops durchlaufen.

Medien für internationale Unternehmen ab etwa 10.000 MitarbeiterInnen
Vollends herausfordernd wird Interne Kommunikation in richtig großen, internationalen Konzernen. Der Aufbau des konzernweiten Social Intranets wird hier zur unternehmensstrategischen Aufgabe, ebenso die Gestaltung des Mitarbeitermagazins (ob print oder online, mit wie vielen und welchen Mutationen). Dies betrifft auch die Entscheidung, wie lokalen Bedürfnissen Genüge zu tun ist und gleichzeitig doch eine Klammerfunktion der Internen Kommunikation für den gesamten Konzern gewährleistet wird. Abgesehen von interkulturellen Überlegungen spielt die Frage, was alles in welche Sprachen zu übersetzen ist, bei allen Medien eines globalen Konzerns eine wesentliche und kostenintensive Rolle (Gaibrois 2018; Willemsen 2009).

Hinzu kommt noch die ganze Bandbreite medialer Möglichkeiten, die es in großen Konzernen zu nutzen gilt: von Internen Social Media über Mitarbeiter-Apps bis hin zu Corporate TV und vielem mehr. In großen Unternehmen sind außerdem viele Programme, die in die Interne Kommunikation hineinwirken, selbstverständlich: Gesundheitsprogramme, Arbeitssicherheitsvorkehrungen, Social Benefits, Sportangebote usw.. Mitarbeiterbeteiligung wird in vielerlei Facetten gelebt: vom Ideenmanagement über Awards, Gewinnspiele, Mitsprache bei Change-Projekten bis hin zu regelmäßig global identisch durchgeführten Mitarbeiterumfragen.

4.1.2 Kommunikationsverfügbarkeit

Hier geht es um Fragen wie: Verfügt jeder/jede MitarbeiterIn über einen PC/ ein Tablet? Und wie sieht es mit Smartphones aus? Wenn etwa nur 20 % der MitarbeiterInnen über einen PC-Anschluss verfügen, stößt das Angebot eines Intranets an seine Grenzen. Gerade für MitarbeiterInnen, die viel unterwegs sind (im Verkauf und im Vertrieb oder fliegendes Personal einer Airline oder Logistiker usw.) bieten sich Mitarbeiter-Apps an. Freilich nicht als alleiniges Kommunikationsmedium. Daneben sollten vertiefende und umfassendere Informationen im Intranet und/oder im Mitarbeitermagazin angeboten werden. Ergänzend können auch Podcasts und Videoclips eingesetzt werden.

4.1.3 Mitarbeiterdaten

Nicht genug mit den Fragen nach Unternehmensgröße und Verfügbarkeit der MitarbeiterInnen: Auch der Bildungslevel, das Durchschnittsalter und die Tätigkeiten, die von den MitarbeiterInnen ausgeübt werden, sind bei der Wahl und bei der Gestaltung der Medien zu berücksichtigen. Bei eher jungen MitarbeiterInnen wird der Hunger nach Yammer & Co und Mitarbeiter-Apps größer sein als nach einer aufwendig gestalteten gedruckten Mitarbeiterzeitschrift. Die Herausforderung liegt hier vor allem darin, umfassende Inhalte digital so aufzubereiten, dass sie selbst von der jugendlichen Zielgruppe angenommen werden. Und das nicht nur in einem Medium.

Oder es gibt im Unternehmen viele MitarbeiterInnen, die sich mit Forschung & Entwicklung befassen. Über die Kooperationsmöglichkeiten eines Social Intranets hinaus kann es in diesem Fall zweckmäßig sein, spezielle Blogs anzubieten, die den Austausch dieser Mitarbeitergruppen fördern.

Oder aber die Belegschaft hat eine multikulturelle Zusammensetzung: Eine Mitarbeiter-App mit Übersetzungsangebot ist hier ein sinnvolles Medium. Corporate TV (als stark bildlastiges Medium) kann hier auch gute Dienste leisten. Intranet und Mitarbeiterzeitschrift müssen natürlich mehrsprachig angeboten werden.

4.1.4 Unternehmensbranche und Unternehmenskultur

Natürlich spielt es auch eine Rolle, in welcher Branche ein Unternehmen tätig ist und welche Unternehmenskultur vorherrscht. In einem Software-Unternehmen ist es naheliegend, dass digitale Kommunikationsformen – abgesehen von viel Face-to-Face-Information – bevorzugt werden. Die Gefahr bei zu viel Technologie-Lastigkeit kann sein, dass die Ausgewogenheit der Inhalte zu kurz kommt. In konservativeren Branchen hingegen stoßen gedruckte Mitarbeiterzeitschrift und Poster womöglich auf mehr Gegenliebe und digitale Kommunikationsformen werden nur zögernd angenommen.

Eigene Gesetze der Internen Kommunikation sind in Produktionsunternehmen zu beachten: MitarbeiterInnen in der Linie haben kaum Zugriff zum Intranet. Hier macht eine Mitarbeiterzeitschrift neben Newslettern, Wandzeitungen, Infoscreens und Corporate TV wirklich Sinn.

4.1.5 Qualität und Akzeptanz

Mangelnde Qualität der Medien kann erhebliche Auswirkungen auf die Medien-wahl haben. Wenn die Storys einer Mitarbeiterzeitschrift (weil nicht gut geschrieben) den MitarbeiterInnen missfallen, kann als Reaktion eine Mit-arbeiter-App eingeführt und die bisherige Mitarbeiterzeitschrift eingestellt wer-den. Da die App aber nicht über die umfassenderen motivierenden Möglichkeiten einer Mitarbeiterzeitschrift oder eines Webmagazins verfügt, muss – ergänzend – ein neues Medium ins Leben gerufen werden, in dem all jene umfassenden Berichte erscheinen können, die in der Mitarbeiter-App zu kurz kommen. Sozusa-gen als „Mitarbeiterzeitschrift neu".

4.2 Das Newsroom-Prinzip

In Anlehnung an die Arbeitsweisen von Fernsehsendern, Nachrichtenagenturen und Medienkonzernen hält das Newsroom-Prinzip seit wenigen Jahren auch in großen Unternehmen Einzug (Moss 2016; Ott 2016; Spachmann und Huck-Sandhu 2018). Es betrifft die organisatorische Neuordnung der Produk-tion externer und interner Unternehmensmedien: Auf der einen Seite wird in „Themendesks" Content generiert, auf der anderen Seite der Content in „Medien-desks" für die einzelnen Medien in geeigneter Form aufbereitet. Die Koordination beider Bereiche liegt in den Händen von Chefs vom Dienst. Die treibende Kraft hinter einem Unternehmens-Newsroom ist sehr oft die Interne Kommunikation: Über deren Informationskanäle werden die meisten Inhalte offenbar.

Mit dem Arbeiten nach dem Newsroom-Prinzip, bei dem auch eine räum-liche Einheit vorteilhaft ist, werden Doppelgleisigkeiten vermieden, Steuerungs-mechanismen optimiert und die Effizienz des Medien-Outputs gesteigert.

Zusammenfassung 5

Der in diesem essential für die Mitarbeiterkommunikation angewandte Blickwinkel galt einerseits dem Wissenstransfer und -austausch für die Arbeit (heute vielfach als Digital Workplace gelöst), andererseits den medialen Möglichkeiten, motivierende Inhalte und Botschaften an die MitarbeiterInnen heranzutragen. Das allgegenwärtige Schlagwort dazu lautet: Storytelling. Das dabei verfolgte Ziel war, einen Überblick zu geben, welche Möglichkeiten in diesen beiden Bereichen der Internen Kommunikation zur Verfügung stehen und wie sie im Zusammenspiel wirken sollten.

Die – dank der Digitalisierung neue – Medienvielfalt sollte im Sinne eines vernetzten Austauschs und von Multi-Channel-Kommunikation eingesetzt werden, wobei Gesamtkonzepte und wechselseitige Befruchtung das A und O sind. Die Betrachtungsweise muss lauten „Sowohl als auch", nicht „Entweder – oder". Neue, konzentrierte organisatorische Strukturen (u. a. Newsrooms) sollten das unterstützen.

Die Ausführungen zu Medienmix und Newsroom sollen dabei helfen, die richtigen Medien für die jeweiligen Bedürfnisse auszuwählen, wobei zu beachten ist: Digital Workplace und Storytelling-Medien reichen nicht aus, um die Bedürfnisse der Internen Kommunikation befriedigend zu erfüllen. Führungskommunikation, Face-to-Face-Kommunikation (mit unterschiedlichsten Event-Formaten) sowie Mitarbeiterbeteiligung sind weitere wichtige Bereiche der Internen Kommunikation. Und schließlich ist auch noch die Frage der Evaluation zu beantworten. Mit diesen Themen befasst sich ein weiteres essential (Engelhardt 2019).

© Springer Fachmedien Wiesbaden GmbH, ein Teil von Springer Nature 2020
K. Engelhardt, *Erfolgreiche Interne Kommunikation im Digital Workplace,*
essentials, https://doi.org/10.1007/978-3-658-27949-3_5

Werden zu allen Bereichen der Internen Kommunikation geeignete Maßnahmen gesetzt – mit den geeigneten Medien, den richtigen Inhalten und einer bis
ins Detail durchdachten Umsetzung – kann Interne Kommunikation zum Motor
für Geschäftserfolg und Wachstum werden. Die Kunst, MitarbeiterInnen mit
Geschichten zu gewinnen, die Visionen und Emotionen vermitteln, bleibt dabei
weiterhin die größte Herausforderung.

Was Sie aus diesem *essential* mitnehmen können

- Tipps zur organisatorischen und technischen Einführung moderner Mitarbeiter-Medien
- Anwendungsbeispiele zu digitalen Internen Medien
- Tipps zur Gestaltung von Mitarbeitermagazinen (print und online)
- Tipps für einen geeigneten Medienmix und Anregungen zu Internen Medien abseits von Intranet und Mitarbeitermagazin
- Wertvolle Literaturhinweise

© Springer Fachmedien Wiesbaden GmbH, ein Teil von Springer Nature 2020   41
K. Engelhardt, *Erfolgreiche Interne Kommunikation im Digital Workplace,*
essentials, https://doi.org/10.1007/978-3-658-27949-3

Literatur

Zu Kapitel 2:

Achleitner K (2019) Gespräch am 27. März 2019 mit Klaus Achleitner/Internal Communications voestalpine

Bauer I (2018) Slack-Alternativen – Die 5 besten Team-Messenger. https://www.heise. de/tipps-tricks/Slack-Alternativen-Die-5-besten-Team-Messenger-4233366.html. Zugegriffen: 10. März 2019

Börse Social Network (Hrsg) (2019) voestalpine im Q & A zur Social Media Strategie. https://boerse-social.com/2017/08/08/voestalpine_im_qa_zur_social_media_strategie. Zugegriffen: 8. Aug 2019

Burtolf F (2018) 14 Erfolgsfaktoren beim Aufbau eines Intranets. https://blog.ioz.ch/14-erfolgsfaktoren-beim-aufbau-eines-intranets/. Zugegriffen: 10. März 2019

Dewitte D (2018) Intranet oder ein digitaler Arbeitsplatz? Eine kurze Geschichte. https:// blog.amplexor.com/digitalexperience/de/intranet-oder-ein-digitaler-arbeitsplatz-kurze-geschichte. Zugegriffen: 28. Apr 2019

Donat S (2012) 7 Regeln, wie die Einführung von Social Media im Unternehmen garantiert ein Misserfolg wird. In: Dörfel L, Schulz T (Hrsg) Social Media in der Internen Kommunikation. SCM – School for Communication and Management, Berlin, S 13–18

Eisenkrämer S (2018) Rechtskonforme Alternative zu Whatsapp einführen. https://www. springerprofessional.de/instant-messaging/kommunikation/rechtskonforme-alternative-zu-whatsapp-einfuehren/15193048. Zugegriffen: 16. Apr 2019

Engelhardt K (2017) Unterwegs und doch am Laufenden – mit einer Mitarbeiter-App. https://prva.at/itrfile/_1_/c4f50ee01df0757132afd9b668559b77/Bericht%20Mit-arbeiter-App%20Juni%202017.pdf. Zugegriffen: 16. März 2019

Fiege W (2016) Die besten Social-Enterprise-Tools. https://www.hosteurope.de/blog/social-enterprise-tools/. Zugegriffen: 10. März 2019

Glatzl J (2019) Gespräch am 13. Februar 2019 mit Josef Glatzl/Interne Kommunikation Allianz Gruppe Österreich

Hamm F (2016) Das Intranet stirbt! https://blog.seibert-media.net/blog/2016/09/07/das-intranet-stirbt/. Zugegriffen: 28. Apr 2019

IONOS (Hrsg) (2019) Die besten WhatsApp-Alternativen. https://www.ionos.de/digital-guide/online-marketing/social-media/whatsapp-alternativen/. Zugegriffen: 16. Apr 2019

Kolligs P (2018) 6 Erfolgsfaktoren von Intranet-Projekten. https://kronsteg.de/blog/6-erfolgsfaktoren-von-intranet-projekten/. Zugegriffen: 10. März 2019

Lutz T (2019) Gespräch am 15. Mai 2019 mit Thomas Lutz/Head of Communications Microsoft Österreich

Muth K (2018) Diese Messenger sind eine sichere WhatsApp-Alternative. https://www.welt.de/wirtschaft/webwelt/article180497028/Diese-Messenger-Apps-sind-eine-sichere-WhatsApp-Alternative.html. Zugegriffen: 16. April 2019

Schneider C (2019) Referat am 17. Jänner 2019 von Christoph Schneider/Projektleiter Attensam

Thier PN (2019) Gespräch am 15. Mai 2019 mit Peter N. Thier/Leiter Unternehmenskommunikation Austrian Airlines

Wiener Stadtwerke (Hrsg) (2011) Social Media Guidelines. Leitfaden für soziale Medien. https://www.wienerstadtwerke.at/media/files/2011/wstw_sm_guidelines_20111115_64866.pdf. Zugegriffen: 28. März 2019

Wolf F (Hrsg) (2018a) Kommunikation in Zeiten des Mergers: RHIMagnesita schafft den Balanceakt mit ihrer Mitarbeiter-App. Mitarbeiter (digital) einbeziehen 3/18:5–12

Wolf F (Hrsg) (2018b) Mit Smartphone auf dem Bau – Die PORR AG legt den Grundstein für eine bessere interne Kommunikation. Mitarbeiter (digital) einbeziehen 3/18:20–25

Zu Kapitel 3:

Achleitner K (2019) Gespräch am 27. März 2019 mit Klaus Achleitner/Internal Communications voestalpine

Amberg F (2013) Corporate TV: Mitarbeiter mit bewegten Bildern erreichen. In: Dörfel L (Hrsg) Instrumente und Techniken der Internen Kommunikation, Bd 2. SCM – School for Communication and Management, Berlin, S 315–334

Amireh N, Beckmann A (2012) Blogs als Instrument für die Interne und Externe Kommunikation. In: Dörfel L, Schulz T (Hrsg) Social Media in der Internen Kommunikation. SCM – School for Communication and Management, Berlin, S 313–326

Becker F (2018) Mitarbeiter wirksam motivieren: Mitarbeitermotivation mit der Macht der Psychologie. Springer, Berlin

Behr NA (2007) Warum hat Corporate TV eine feste Zukunft in der internen Kommunikation? In: Dörfel L (Hrsg), Interne Kommunikation: Die Kraft entsteht im Maschinenraum. SCM c/o prismus, Berlin, S 157–162

Beins F (2015) Warum interne Newsletter nutzen? https://www.newsletter2go.at/blog/interne-newsletter/. Zugegriffen: 21. Mai 2019

Chlopczyk J (Hrsg) (2017) Beyond Storytelling: Narrative Ansätze und die Arbeit mit Geschichten in Organisationen. Springer Gabler, Wiesbaden

Dhillon A (2012) Bewegtbild der internen Unternehmenskommunikation. In: Dörfel L, Schulz T (Hrsg) Social Media in der Internen Kommunikation. SCM – School for Communication and Management, Berlin, S 271–282

Eck WA (2008) Corporate Audio: Jetzt gibt's was auf die Ohren – Wirkungsvolle Mit-arbeiterkommunikation setzt auf „sinnliche" Wahrnehmungserlebnisse. In: Dörfel L (Hrsg) Instrumente und Techniken der Internen Kommunikation: Trends, Nutzen und Wirklichkeit. SCM – School for Communication and Management, Berlin, S 102–121

Engelhardt K (2014a) Beispiele zur Funktion von Infoscreens in einer vernetzten internen Medienwelt. https://prva.at/itrfile/_1_/9477f16fcda07b94a33bf333f906a6a6/14_07_Bei-spiele%20zu%20Infoscreens%20als%20Wegweiser%20in%20einer%20vernetzten%20 internen%20Medienwelt.pdf. Zugegriffen: 21. Mai 2019

Engelhardt K (2014b) Best Case: Infoscreens bei der Österreichischen Post. https://prva.at/itrfile/_1_/f49333f66890c5a6552832408ae5dce3/14_07_Best%20Case%20Info-screens%20bei%20der%20Österreichischen%20Post.pdf. Zugegriffen: 21. Mai 2019

Engelhardt K (2015) Warum nicht eine Wandzeitung? https://www.engelhardt.at/warum-nicht-eine-wandzeitung/. Zugegriffen: 24. Mai 2019

Ettl-Huber S (Hrsg) (2014) Storytelling in der Organisationskommunikation: Theoretische und empirische Befunde. Springer Fachmedien, Wiesbaden

Führmann U, Schmidbauer K (2016) Broschüren, Folder, Flyer und mehr. In: Führmann U, Schmidbauer K (Hrsg) Wie kommt System in die interne Kommunikation? Ein Weg-weiser für die Praxis, 3. Aufl. Talpa Verlag, Potsdam, S 208–209

Fuß S (2008) Corporate Audio: Baustein Interner Kommunikation. In: Dörfel L (Hrsg) Ins-trumente und Techniken der Internen Kommunikation: Trends, Nutzen und Wirklich-keit. SCM – School for Communication and Management, Berlin, S 94–101

Greenberg J, Baron RA (2018) Behavior in Organizations: Understanding and Managing the Human Side of Work, 10. Aufl. Verlag Pearson Education, London

Grossmann C (2019) Das Schwarze Brett von heute. https://www.funkschau.de/tele-kommunikation/artikel/163340/1/. Zugegriffen: 24. Mai 2019

Hinsen UE (2012) Corporate Radio – „Geht ins Ohr. Bleibt im Kopf". In: Dörfel L, Schulz T (Hrsg) Social Media in der Internen Kommunikation. SCM – School for Communica-tion and Management, Berlin, S 253–270

Keplinger K (2019) Gespräch am 27. März 2019 mit Karin Keplinger/Teamleiterin Interne Kommunikation voestalpine

Krönung J, Manolagas E (2013) Von der internen zur integrierten Kommunikation – Erfolgreicher Instrumentenmix und Internal Consulting. In: Dörfel L (Hrsg) Ins-trumente und Techniken der Internen Kommunikation, Bd 2. SCM – School for Communication and Management, Berlin, S 146

LOUT (Hrsg) (2013) Siemens digitalisiert das Mitarbeitermagazin. https://lout.plus/news/siemens-digitalisiert-das-mitarbeitermagazin-8118.html. Zugegriffen: 16. Apr 2019

Lun G (2017) Die Zukunft der Mitarbeiterzeitschrift: Print bleibt bestehen – neben online. https://www.egger-lerch.at/die-zukunft-der-mitarbeiterzeitschrift-print-bleibt-bestehen-neben-online. Zugegriffen: 2. Mai 2019

Müller M (2014) Storytelling: Die Kraft des Erzählens für die Unternehmens-kommunikation nutzen. SCM – School for Communication and Management, Berlin

Neckermann I (2003) Business TV als Medium der internen Unternehmenskommunikation in Deutschland. Verlag Shaker, Herzogenrath

Paefgen-Laß M (2014) Mitarbeiterzeitschriften – Und sie überleben doch! https://www.springerprofessional.de/corporate-publishing/public-relations/mitarbeiterzeitschrif-ten-und-sie-ueberleben-doch/6602502. Zugegriffen: 16. Apr 2019

von Rosenstiel L (2011) Grundlagen der Organisationspsychologie: Basiswissen und Anwendungshinweise, 7. Aufl. Schäffer-Poeschel, Stuttgart

Schuler H, Sonntag K (Hrsg) (2007) Handbuch der Arbeits- und Organisationspsychologie. Hogrefe, Göttingen

Sprung D (2017) Mitarbeiter-Blog der Westfalen Gruppe: Mit Vertrauen zum Erfolg. https://www.bloggerabc.de/corporate-blog-westfalen-gruppe/. Zugegriffen: 21. Mai 2019

Staiger J (2015) Bunter, schneller, digitaler: Die Mitarbeiterzeitung der Zukunft. https://www.jp-kom.de/sites/default/files/jpkom16-news-service-4-15.pdf. Zugegriffen: 2. Mai 2019

Sturm S (2013) Digitales Storytelling: Eine Einführung in neue Formen des Qualitätsjournalismus. Springer, Berlin

Vilsmeier G (2013) Das Medium ist die Nachricht: Passen Printmedien noch in unsere Zeit?. In: Dörfel L (Hrsg) Instrumente und Techniken der Internen Kommunikation, Bd 2. SCM – School for Communication and Management, Berlin, S 185–196

Vilsmeier G (2017) Warum Print nicht digital sein kann. Fokus IK. https://interne-kommunikation.net/mitarbeiterzeitschrift/. Zugegriffen: 2. Mai 2019

Weber S (2015) Gestaltungstrends in Mitarbeitermedien. https://www.jp-kom.de/sites/default/files/jpkom16-news-service-4-15.pdf. Zugegriffen: 2. Mai 2019

Zu Kapitel 4:

Chaudhuri O (2015) Interview mit Prof. Dr. Karsten Wendland und Lars Dörfel: „Vom Redakteur zum Kurator und Coach der Fachabteilungen". https://www.jp-kom.de/sites/default/files/jpkom16-news-service-4-15.pdf. Zugegriffen: 2. Mai 2019

Gaibrois C (2018) Verpasste Informationen, beeinträchtigter Wissensaustausch und Motivationsverlust: Was Mehrsprachigkeit in Organisationen für die interne Kommunikation bedeutet. In: Jecker C (Hrsg) Interne Kommunikation: Theoretische, empirische und praktische Perspektiven. Halem, Köln, S 146–163

Hein FM (2008) Ob gemixt, gerührt oder geschüttelt: Content is King – Die Auswahl interner Kommunikationsmedien liegt letztendlich bei den Rezipienten. In: Dörfel L (Hrsg) Instrumente und Techniken der Internen Kommunikation: Trends, Nutzen und Wirklichkeit. SCM – School for Communication and Management, Berlin, S 14–21

Moss C (2016) Der Newsroom in der Unternehmenskommunikation. Wie sich Themen effizient steuern lassen. Springer Fachmedien, Wiesbaden

Ott U (2016) Agenda Setting oder Agenda Sharing? Neue Möglichkeiten für übergreifendes Themenmanagement, digitales Netzwerken und interne strategische Beratung. In: Rolke L, Sass J (Hrsg) Kommunikationssteuerung. Wie Unternehmens kommunikation in der digitalen Gesellschaft ihre Ziele erreicht. De Gruyter, München, S 233–244

Reiß M, Steffens D (2009) Hybride Medienkonzepte für das interne Marketing. Weltwirtschaft 2010:85–102

Spachmann K, Huck-Sandhu S (2018) Corporate Newsrooms – Neuland für die interne Kommunikation. In: Jecker C (Hrsg) Interne Kommunikation: Theoretische, empirische und praktische Perspektiven. Halem, Köln, S 74–90

Willemsen M (2009) Culture and Communication in a Multinational. An Investigation into the Global and Local Aspects in the Internal Communication of a Multinational. In: Crijns R, Janich N (Hrsg) Interne Kommunikation von Unternehmen. Psychologische, kommunikationswissenschaftliche und kulturvergleichende Studien, 2. Aufl. Springer, Wiesbaden, S 151–169

Weiterführende Literatur

Buchholz U, Knorre S (2018) Interne Kommunikation in agilen Unternehmen. Springer Gabler, Wiesbaden

Cauers C (2009) Mitarbeiterzeitschriften heute. Flaschenpost oder strategisches Medium? 2. Aufl. Springer, Wiesbaden

Content Marketing Forum e.V. (Hrsg) (2018) Best of Content Marketing BCM 2018: Das Jahrbuch zum Wettbewerb. Deutscher Fachverlag, Frankfurt a. M.

Cowan D (2017) Strategic internal communication: how to build employee engagement and performance. Kogan Page, London

Crijns R, Janich N (Hrsg) (2009) Interne Kommunikation von Unternehmen. Psychologische, kommunikationswissenschaftliche und kulturvergleichende Studien, 2. Aufl. Springer, Wiesbaden

De Clercq I (2018) #Vernetzt arbeiten: Soziale Netzwerke in Unternehmen. Frankfurt Allgemeine Buch, Frankfurt a. M.

Dörfel L (Hrsg) (2007) Interne Kommunikation: Die Kraft entsteht im Maschinenraum. SCM c/o prismus, Berlin

Dörfel L (Hrsg) (2008) Instrumente und Techniken der Internen Kommunikation: Trends, Nutzen und Wirklichkeit. SCM – School for Communication and Management, Berlin

Dörfel L (Hrsg) (2013) Instrumente und Techniken der Internen Kommunikation, Bd 2. SCM – School for Communication and Management, Berlin

Dörfel L, Hirsch L (Hrsg) (2012) Social Intranet 2012. Studienergebnisse, Fachbeiträge und Experteninterviews. SCM – School for Communication and Management, Berlin

Dörfel L, Rossi C (Hrsg) (2013) Enterprise 2.0 watch. SCM – School for Communication and Management, Berlin

Dörfel L, Schulz T (Hrsg) (2012) Social Media in der Internen Kommunikation. SCM – School for Communication and Management, Berlin

Enders N (2016) SharePoint 2016 für Anwender: Das Praxisbuch mit vielen sofort einsetzbaren Lösungen. Rheinwerk, Bonn

Enders N (2019) Collaboration mit Office 365: Modern Workplace. Konzepte, Werkzeuge und Lösungen. Rheinwerk, Bonn

Engelhardt K (2019) Erfolgreiche Mitarbeiterkommunikation für CEOs. Basics und Tools: CEO-Blog, Dialogrunden, Events, Mitarbeiterbeteiligung. Springer Fachmedien, Wiesbaden

Freese W, Höflich M (2012) Praxishandbuch Corporate Magazines: Print – Online – Mobile. Gabler, Wiesbaden

Führmann U, Schmidbauer K (2016) Wie kommt System in die interne Kommunikation? Ein Wegweiser für die Praxis, 3. Aufl. Talpa, Potsdam

Gröscho S, Eichler-Liebenow C, Köhler R (2018) Willkommen in der neuen Arbeitswelt: So erwecken Sie ein Social Intranet zum Leben. SCM – School for Communication and Management, Berlin

Hauenherrn E (2017) Effiziente Kommunikation in Unternehmen: Konzepte & Lösungen mit Microsoft-Plattformen: SharePoint 2016, Exchange 2016, MS Office 2016, Skype for Business 2015, Active Directory, Windows Server 2016. Hanser, München

Herbst DG (2014) Rede mit mir. Warum interne Kommunikation für Mitarbeitende so wichtig ist und wie sie funktionieren kann. SCM – School for Communication and Management, Berlin

Hiller A, Schneider M, Wagner A (2014) Social Collaboration Workplace: Das neue Intranet erfolgreich einführen. Hülsbusch, Glückstadt

Jäggi A, Egli V (Hrsg) (2007) Interne Kommunikation in der Praxis: Sieben Analysen. Sieben Fallbeispiele. Sieben Meinungen. Verlag Neue Zürcher Zeitung, Zürich

Jecker C (Hrsg) (2018) Interne Kommunikation: Theoretische, empirische und praktische Perspektiven. Halem, Köln

JP/KOM (Hrsg) (2015) Frischer Wind für ein Flaggschiff: Auf Erfolgskurs. https://www.jp-kom.de/sites/default/files/jpkom16-news-service-4-15.pdf. Zugegriffen: 2. Mai 2019

Kleine Wieskamp P (2016) Storytelling: Digital – Multimedial – Sozial. Formen und Praxis für PR, Marketing, TV, Game und Social Media. Hanser, München

Krobath K, Schmidt HJ (Hrsg) (2010) Innen beginnen: Von der internen Kommunikation zum Internal Branding. Gabler, Wiesbaden

Lohaus D, Habermann W (2016) Integrationsmanagement – Onboarding neuer Mitarbeiter. Vandenhoeck & Ruprecht, Göttingen

Mänken EW (2008) Mitarbeiterzeitschriften noch besser machen. Kritik und Ratschläge aus der Praxis, 2. Aufl. Springer, Wiesbaden

Marinkovic D (2009) Die Mitarbeiterzeitschrift. Halem, Köln

Martz M (2018) Social Media Guidelines: Wie kommunizieren Ihre Mitarbeiter bei Facebook & Co? https://www.e-recht24.de/artikel/facebook/7803-social-media-guidelines-mitarbeiter-bei-facebook.html. Zugegriffen: 28. März 2019

Meier P, Funkat S (2009) Mitarbeiterzeitschriften optimal umgesetzt: Ein Handbuch für die Praxis. Orell Füssli, Zürich

Meier S, Lütolf D, Schillerwein S (2015) Herausforderung Intranet. Zwischen Informationsvermittlung, Diskussionskultur und Wissensmanagement. Springer, Berlin

Mistelbacher R (2015) Social Enterprise: Yammer und Slack im Vergleich. https://freshvanroot.com/blog/2015/yammeroderslack_socialenterprise/. Zugegriffen: 10. März 2019

Nowak R, Roither M (Hrsg) (2016) Interne Organisationskommunikation: Theoretische Fundierungen und praktische Anwendungsfelder. Springer, Berlin

Rieder P (2016) Eine neue Form der internen Kommunikation: Die Mitarbeiter-App. https://www.hrweb.at/2016/08/eine-neue-form-der-internen-kommunikation-die-mitarbeiter-app/. Zugegriffen: 10. März 2019

Rogge C, Karabasz R (2014) Social Media im Unternehmen – Ruhm oder Ruin. Erfahrungslandkarte einer Expedition in die Social Media-Welt. Springer, Berlin

Rolke L, Sass J (2016) Kommunikationssteuerung. Wie Unternehmenskommunikation in der digitalen Gesellschaft ihre Ziele erreicht. De Gruyter und Oldenbourg, München

Rupp M (2016) Storytelling für Unternehmen. Mit Geschichten zum Erfolg in Content Marketing, PR, Social Media, Employer Branding und Leadership. Mitp, Frechen

Schach A (Hrsg) (2017) Storytelling: Geschichten in Text, Bild und Film. Springer Fachmedien, Wiesbaden

Schick S (2014) Interne Unternehmenskommunikation. Strategien entwickeln, Strukturen schaffen, Prozesse steuern, 5. Aufl. Schäffer-Poeschel, Stuttgart

SCM School for Communication and Management (Hrsg) (2014) Trendmonitor Interne Kommunikation 2013. Entwicklungen und Potenziale des Berufsstandes. Schwerpunkt zu Social Media in der internen Kommunikation. SCM – School for Communication and Management, Berlin

SCM – School for Communication and Management (Hrsg) (2016a) Beyond #6: Interne Kommunikation im mobilen Zeitalter. SCM – School for Communication and Management, Berlin

SCM – School for Communication and Management (Hrsg) (2016b) Beyond #7: Die digitale Transformation. SCM – School for Communication and Management, Berlin

SCM School for Communication and Management (Hrsg) (2018a) Beyond #8: Das Mitarbeitermagazin im Wandel der Zeit. SCM – School for Communication and Management, Berlin

SCM – School for Communication and Management (Hrsg) (2018b) Beyond #10: Content und Storytelling in der internen Kommunikation. SCM – School for Communication and Management, Berlin

SCM – School for Communication and Management (Hrsg) (2018c) Beyond #11: Der digitale Baukasten der internen Kommunikation. SCM – School for Communication and Management, Berlin

SCM – School for Communication and Management (Hrsg) (2018d) Intranet: Marktübersicht und Trends 2019. SCM – School for Communication and Management, Berlin

SCM – School for Communication and Management (Hrsg) (2018e) Social Intranet 2018: Ratgeber mit Trends – Themen – Tipps. SCM – School for Communication and Management, Berlin

SCM School for Communication and Management (Hrsg) (2018f) Trendmonitor Interne Kommunikation goes mobile 2017: Potenziale und Herausforderungen der mobilen Internen Kommunikation. SCM – School for Communication and Management, Berlin

SCM School for Communication and Management, Staffbase GmbH (Hrsg) (2019) Trendmonitor Interne Kommunikation 2019: Wandel und Professionalisierung. Schwerpunkte zu den Themen Digitale Trends und Rolle im Unternehmen. SCM – School for Communication and Management, Berlin

Seibert M (2016) Wie und warum Unternehmen bei der Auswahl ihrer Intranet-Software scheitern. https://blog.seibert-media.net/blog/2016/10/10/wie-und-warum-unternehmen-bei-der-auswahl-ihrer-intranet-software-scheitern/. Zugegriffen: 10. März 2019

Sottong HJ, Frenzel K (2006) Storytelling: Das Praxisbuch. Hanser, München

Stepan T (2015) Blog: Wie man als Unternehmen eine Enterprise Messaging App auswählt. https://teamwire.eu/company-de-de/blog-de-de/wie-man-als-unternehmen-eine-enterprise-messaging-app-auswaehlt/ Zugegriffen: 10. März 2019

Strauß E (2018) Digitale Transformation einer Mitarbeiterzeitschrift: Magazin bleibt Magazin. https://interne-kommunikation.net/digitale-transformation-einer-mitarbeiterzeitschrift/. Zugegriffen: 2. Mai 2019

Thornton GS, Mansi VR, Carramenha B, Cappellano T (Hrsg) (2018) Strategic Employee Communication: Building a Culture of Engagement. Palgrave Macmillan, Basingstoke

Thier K (2017) Storytelling: Eine Methode für das Change-, Marken-, Projekt- und Wissensmanagement, 3. Aufl. Springer, Berlin

Thumfart A (2018) Yammer, Groups oder Teams: Was ist das richtige Tool für Ihr Unternehmen? https://at.cosmoconsult.com/blog/2018/02/yammer-groups-oder-teams/. Zugegriffen: 10. März 2019

Tißler J (2016) Experten-Interview: Wie gut ist „Workplace by Facebook" im Vergleich zu anderen Social Intranets? https://upload-magazin.de/blog/15275-workplace-facebook-vergleich/. Zugegriffen: 10. März 2019

Viedebantt K (2005) Mitarbeiterzeitschriften: Inhalt, Konzeption, Gestaltung. Frankfurter Allgemeine Buch, Frankfurt a. M.

Wolf F (2011) Social Intranet: Kommunikation fördern – Wissen teilen – Effizient zusammenarbeiten. Hanser, München

Printed in the United States
By Bookmasters